続々　大学教授

桜井邦朋

続々大学教授

予期せぬできごと――

地人書館

目　次

はじめに　9

第1章　私にとって学長とは何であったか——三年間を顧みて　13
予期せぬできごと　15
〝保護監察〟とは　19
受験生の動向と大学経営　21
大学経営の基本方針はどこで決定すべきか——私学の場合　24

第2章　大学改革とはいうものの——真の改革とは何か　29
〝大学改革〟という魔法のことば　31
教員の意識は変えられるか　35
教員に任期制の採用を　40
真の改革とは——学部・学科間の壁　43

第3章　大学は自らを律せるか——自己点検・評価ということ　47
自己点検・評価の活動は有用か　50
自己点検・評価を外部から見る　54
自己点検・評価活動の報告——消えた私　60
教員は自らを律せるか　62
第4章　地位を求める人々　71
ピーターの法則を教員に当てはめる　73
地位と学問的業績との関わり　77
競争のない閉じた空間　80
大学を活性化させるには　82
第5章　入試業務は大学最大の行事　89
入試は大学にとって大事な事業　92
入試業務は教員の義務　97
入試業務の負担——このままでよいか　99
大学の生き残りを賭けて　103
第6章　無責任な体制——ことばには責任が　107
講義は自分の言いたい放題でよいか　109

目次

ことばと責任――教室であじってはならぬ 115
〝誤ったこと〟をしないという幻想 119
論理的思考ができぬ 122
第7章 学生を育てる――理解するとはどういうことか 127
学生たちの思考力はどう変わったか 130
知識と理解は別のことだ 134
日本語がだめなら思考力は育たない 139
〝教える〟という言い方の不毛 146
第8章 教養教育の変質――〝教養〟は不要か 149
教養の危機――教養は不要か 152
表から見えないことは無意味か 156
外国語教育はいかにあるべきか 162
歴史をいかに学ぶか――日本文化をめぐって 166
第9章 規律と倫理――学問的良心との関わり 173
学問研究には責任が伴う 175
良心の自由は〝不自由〟 177
研究をしているという口実 180

何を言ってもよいか――失われた倫理　182
第10章　学長と研究――大学における日常　185
公の時間と私の時間　186
心の教育を考える　187
自分の考えを学生たちに語る　188
学問的な研究ができたか　189
第11章　心と健康――日常の中から　193
知らぬ間に溜まるストレス――〝学長を辞めれば治る〟　194
役職上でポケットに入れたか――疑惑の目　195
責任をとるということ　196
研究に向かう心――心の健康とは　198
あとがき　201
注および引用文献　220

はじめに

思いもかけなかったできごとが、次々と起こりながら、人は誰でも自分の歩む道を刻んでいく。こうしたできごとのほとんどすべては、偶然と言ってもよいようなものである。私たち一人ひとりは、いわば予期せざる出会いを自分なりに何とか解決しながら、その人生を築いていく。

〝思いもかけず〟と言ったら、多くの人から非難を浴びるかもしれないが、私が学長に選出されたのも、私にとっては、そうしたできごとであった。このような地位に就きたいと望んでいる人たちは、大学の内外に数多くいると推測されるのだが、私にとっては就きたくない地位であった。実は、それまで就いていた工学部長にもなりたくなかった。だが、こちらには四年間にわたって就いていたし、工学部長のあと学長として三年間にわたって大学行政にたずさわることになった。

京都大学理学部を卒業後、一人の物理学者として、太陽物理学や高エネルギー宇宙物理学などの方面の研究にずっとたずさわってきた私は、京都大学工学部、アメリカ航空宇宙局・ゴダード宇宙飛行センター（NASA・GSFC）、メリーランド大学流体力学・応用数学研究所とわたり歩き、その後、神奈川大学工学部に勤めるようになった。先に記したように、その過程の中で、工学部長、次いで学長として七年間にわたって勤務することになったのである。工学部長に選出される以前に三年あまりにわたって、同じ大学の国際交流センター（所）長を務めたので、大学教員として、学内サービス（奉仕）に一〇年あまりにわたって働いたことになる。大学審議会から出されたある答申の中に、大学教員のなすべきことについて、研究と教育の二つは当然のこととして、その他に学内と学外におけるサービス（奉仕）の二つが挙げてあるが、学内に対し一〇年あまりにわたってサービス（奉仕）を継続して、私は勤めたというわけである。

工学部長として勤務していた時、新キャンパスの開設に関わって問題が起こった。詳しいことについては全然わからなかったが、当時、その経緯が『週刊朝日』(1)誌に報じられたので、だいたいの様子は摑むことができた。だが、私にとって重要だと考えられたことは、こんな問題が起きた中で、大学院工学研究科の研究棟を取り壊し、その跡地に全く違う目的に使用するための建設計画が突如明らかにされただけでなく、工学部長の私には何の連絡もなくこの研究棟の取り壊しが始まったことであった。

この研究棟は、経営工学専攻博士後期過程の新設に当たって、研究室、演習室などに利用されるものであり、この課程の完成年度を控えて、翌年春には文部省からの査察が予定されていた。この課程の設置申請に当てられた建物が査察時になくなっていたら、工学部および工学研究科にとって設置認可の取り消しさえあるかもしれぬと危惧された。そのため、当時の教育研究担当の常務理事の執務室を訪ねて、この危惧に対する処置と責任の所在について同理事から直接説明を求めた。その時、新キャンパス開設に関わる問題とも関連があるので、その説明もあった。

これらの説明について、工学部教授会への報告もあるので、事実確認のためにメモを作成し、常務理事に届け、記載の内容の正確さに関し、互いに改めて確認した。このメモが、実は後に予想もしえなかった重大な役割を果たすことになろうとは、当の私には全然想像もつかなかった。いずれ後に本書の中で語るとして、このメモに端を発していろいろなことが相次いで起こったが、理事会は、理事長以下すべての理事が退任することになり、それから一年半あまり後に行なわれた学長選で、私の予想に反して学長に私が選出されてしまうことになった。私にとっては、全く思いがけないできごとであったというのが、当時の感慨である。

学長職を退いてすでに一年あまりが経過した。その間、以前から大学の未来像ほかについて考えてきたことなどについて、いろいろな面から見直すことができたし、大学行政にたずさわっていた間に経験した多くの事柄についても考え直すことができた。それらについて、いかに対処したかについて率直に語りながら、私が考えている大学における研究と教育、教員たちのあるべき姿、大学運営のあり方などについて、述べる必要のあることに思い至った。したがって、この本は学長時代についての単なる回想記ではない。

ただひと言断っておきたいのは、この本で語られる内容に対し、直接・間接に関わりのある方々もいるので、迷惑に感じられる向きもあろうかと推測されるのだが、他意はないので諒とせられたい。国立大学の独立行政法人化や統合などの動き、受験年齢層の人びとの減少傾向など、今後における大学経営には国公私立を問わず、多くの難問題が控えている。それらの解決に対し、何らかのヒントとなれるような点の指摘ができるようならこれほどの幸いはないと言えよう。

第1章　私にとって学長とは何であったか——三年間を顧みて

一九九七年七月初めに、私は学長の辞令を理事長から手渡され、学長という大学にとっては重要な職務に就いた。学長の候補者として、教職員による第一次投票で選出されていたので、もしかしたら学長に推されるかもしれないと考えてみたものの当選ということはないだろうと予想していた。学長候補者として、大学運営に関する方針や抱負について文書の提出を求められたが、国際学会出張が直前に控えていたことと、候補者の一人に選出されることを全然予想していなかったこともあって、考えて練り上げた文書を作ることはできなかった。

しかしながら、この文書が選挙人である教員たちに提示され、第二次投票が、それに基づいて実施された。結果は、小差で私が当選ということになった。大学の現状に対し、いろいろな批判的意見や改善についての方策に関し、当時、すでにいくつかの書物を私は出版していた。教育課程とその内容に対する私の考えも、それらの本の中に示されていた。学長職を辞した現在でも、この考えはほとんど変わっていない。

学長職に就いていた間に、大学設置審議会からの答申(1)が出されたが、その内容について私がすぐに感じたのは、大学によっては近い将来に、入学生の定員割れが生じ、経営が破綻する大学の出てくることを見越して作られたものではないかということであった。学長の権限の拡大や基礎教育の重視など聞くべきことも多くあったが、各大学が生き残りを賭けて、やがて訪れるであろう大学倒産の時代を乗り切る方策を探すことを答申は求めていた。

大学受験世代に当たる人口が、急激に減っていっている現在、入学定員を確保できないいわゆるF大学（FはFreeに入学できるという意味か）が、二〇〇一年度にすでに七〇大学を越えている。私が勤務している大学は、この三年間入学志願者の数の減少率が非常に少ないのは、学長職から退いたもののありがたいことである。

この章の表題に掲げた、私にとって学長とは何であったかについては、大学としていったん失われかけた信頼を回復し、将来の健全な経営への橋渡しができるよう努めることだと考えていたので、そのようにすべく三年間を過ごした。このようなこともあってか、何もしなかった学長などという陰口や噂が聞かれた。理事長はじめ理事が総退任などといういわば異常事態を引き継ぐ形で学長となったのだから、最も大事なことは、大学としての信頼を内外から取り戻すことなのだと私は考えていたのである。

予期せぬできごと

新キャンパス開設に絡んだ未払い金問題が表沙汰になった時、私は工学部長を務めていた。この問題は、平塚キャンパスに二学部を開設するに当たって、建設会社など へ八〇億円あまりの金が未払いのままになっており、建設会社からの提訴でこの事実が明らかとなった。その最中に法学部に新学科を開設するための申請がなされた(2)。これについては、この開設を見込んで教員がすでに採用してあるとの報告がある会議の席で、法学部長からなされた時には、どうしてこのようなことができるのか私には理解できなかった。当時の学長、三宅三郎氏は在任期間一年に満たず辞められるのだが、この新学科開設の方針は三宅学長の下で決定された。法学部長の報告によると、理事会ではすでに開設を予定しているということであった。

未払い金問題が公になるのは、この新学科開設に対する申請が文部省に出されてから後のことである。この問題と新学科開設の申請とが重なったことから、大学は重大な危機を迎えることになるのだが、前に述べた『週刊朝日』(3)に掲載の記事は、このことについてのものであった。したがって、この危機については、マス・メディアを通じて、多くの人たちに知られ、私自身、どうなっているのかといった質問や、怪しからんではないかといった批判や非難を、いろいろなところから浴びることになった。しかし、当の私は何にも知らなかった。

この危機に際して、私が最も懸念したのは、すでにふれたように、大学院工学研究科に設置されて間もない経営工学専攻が完成年度を控えて、その研究棟が取り壊される予定になっていることであった。未払い金問題について、ある新聞社から取材の申し入れがあったのだが、何にも知らない私は、記者からむしろ奇異の眼で見られた。この記者は、学部長なら当然、理事だと私のことをみなしていたのだった。彼が私に電話口で言ったことばで、今もって忘れられないのは、「あなたの大学はずいぶん変な学校なんだね。工学部長が理事でないなんて」と言われたことである。これは記者の思いこみで、どの大学も学部長が必ず理事となっているわけではない。

この危機は、年度末の一九九六年三月に、責任を取る形で関与した理事長は退任した。経営工学専攻のための研究棟は、新理事長の下で既定の計画が進められ、その年の夏休み中に研究棟の解体工事が始まった。教員担当の常務理事を訪ねたのは、この工事の進行中のことであった。当時すでに文部省から理事会に対し刷新ほかの指示がなされていたことについては、詳しいことを知る由もなかった。この常務理事との面談の結果については確認する目的でメモを作成し、常務理事に届け、事実関係については相互に確認し、誤解なきようにしておいた。当時、理事長とも面接し、工学研究科に関する懸念に対し、その対応策について糺し、それについてのメモを作成し、理事長に届けた。このあと理事長が、工学部長室に私を訪ね、「君は文章を書くのが、そんなに好きか」と言われた。私の答えは、了解事項などについて誤解などないようにするために、互いに確認しておく目的で作ったこと、それに基づいて工学部教授会に報告できるのだ、というものであった。

後に、工学部教授会の席に、当時の財務担当常務理事に来てもらって、大学の危機的状況について説明を求めたことがある(4)。この時には、発言のすべてを録音させてもらい、大事と考えられる事柄については、メモにまとめ当の常務理事に届け、内容について確認してもらった。この時には、メモなど作られては困ると言われた。文章にして互いに確認しておけば、後に言った言わないと互いに争うこともないから、メモの作成が重要だと私は考えるのだが、文章になって残ることを忌避する向きもけっこう多いのである。

これは別のことだが、工学部教授会におけるある教授の発言について、重大なことと考えたので、議事録に付けて出したところ、後で事前に見せてくれれば直したと言われた時には本当に驚いた。私の理解では、議事録の改竄などできることではないはずなのだが、いろいろなところでこうしたことは頻繁に行なわれているらしい。

ごく最近起こった田中真紀子外相更迭をめぐって起こったことも、メモなりがあって確認してあったら、鈴木宗男、野上義二を含めた三者の間で、言った言わないで騒動を起こすことはなかったことであろう。メモを作り確認作業をすることに私がこだわるのは、後になると記憶が不確かとなり、それに関わった事項について正確を期することが極めてむずかしくなってしまうからなのである。

先にふれた未払い金問題が起こっている最中に、新学科開設の申請がなされたこともあって、大学が危機的状況に陥り、結果として、理事長以下全理事が退任し、それを受けて新しい理事会が発足した。このような状況の下で、学長の任期満了の時期が近づき、一九九七年四月に学長選挙がなされることになった。工学部長として四年目に入っていた私は、すでにふれたように、第一次投票で学長候補者に選出された。得票数が一位であったため、辞退することは叶わなかった。どんな難題が降りかかるか先の見通しが全然立たないこともあり、本当のところは辞退したかった。だが他方では、これだけ多くの人が推してくれるのだから、辞退などとんでもないことだとも考えていた。

未払い金問題をめぐって起こった危機的な事態が明らかになり、理事会の刷新、運営体制の改善などという状況に大学が立ち至るようなことが起こらなかったら、工学部長の任期をまっとうし、四年半あまりでこの職務を退き、その後は研究と教育に専念できていたことであろう。だが一番望まなかった結果となった。次期学長に第二次投票で選出されてしまったのである。このようなことを言うと、私に投票してくれた人たちに対し、たいへん申し訳ないのだが、自信など全然なかったし、三年間にわたる任期をまっとうできるかどうかについても大きな不安があった。私学振興共済事業団からの私学助成については、理事会がすでに辞退していたし、学長に私が選出された時点では、助成の五〇パーセントが回復されていたという状況にあった。一〇〇パーセントの回復はすぐには望めない状況にあると聞かされていた。

人は一生の間に、いろいろと予期せぬできごとに出合う。小さなことなら、毎日こうした予期せぬできごとがたくさん起こり、私たちはこうした中で生活をしている。一日中の行動が決まりきって進んでいくわけではないのである。もしすべてが決まっていたのだとしたら、人生など本当につまらぬ味気ないものとなってしまうであろうから、予期せぬ事柄が相次いで起こってくれる方が人生にとっては大事なのだと自分自身を納得させた。

"保護監察"とは

新キャンパス開設に伴う建設事業でかかった費用の未払いが、熊谷組他ゼネコン六社からの支払い請求から明らかとなり、学内は約一年にわたって大揺れに揺れた。この未払い金問題だけであったら、大学経営の基本にふれるような大問題にまで発展することはなかったろうが、前にふれたように新学科開設の申請が、他方で同時進行の形でなされていたのだから不正申請問題も一緒に起こったというわけである。さらに、新キャンパスに開設した二学部の大学院博士後期課程の設置についても、未払い金問題で揺れている時に、申請がなされたのだから不正を承知での申請ということになり、犯罪でいうなら確信犯というわけであった。

工学部長として、この不正申請に関わる事態の推移を正しく摑もうと努力していたのだが、真相についてはあまりはっきりしたことはわからなかった。理事でなかったのだから当然である。法人評議員会で提示された事柄についてはすべて工学部教授会で報告したし、一度は財務担当の常務理事に出席してもらって、教授会で未払い問題と不正申請について説明してもらった。これについてはすでにふれた通りである。

このような正常でない事態が進む中で、私学振興共済事業団からの三種類の財政補助はすべて打ち切られた。私学助成金については、理事会から先に辞退を申し出たということであった。こうしたいわば異常な事態の最中に、私は学長に就任したのであった。私の友人の中には「よりによってこんなひどい時に、気の毒なこと」と言ってくれた者もあった。人間には自分の思うようにならない、ある種の運命的なできごとが身の上に起こることがあるが、学長になったのも、その一つであったと言えよう。

大学が不正を働き、文部省からそれを指摘され、理事会を構成する理事たち全員が退任し、新しい理事会が成立したが、いったんこうした異常事態を引き起こしてしまうと、信用の回復も容易ではなかった。大学が正常に機能できるようになるまでは、当時の文部省から、ずっと監視され続ける存在であった。文部省を後見者としていたわけだから、大学は保護監察処分を受け、指導に従いながら正常な姿に復するための努力が要請された大学も保護監察を受ける機関となったのであった。

ある新聞社から取材の申し入れが、工学部長の時にあったと先に記したが、その時、記者から大学の〝身売り〟の話が出ているのだが、知っているかと言われた時には、信じられなかった。経営権をいくらで手放すという話もあり、具体的な金額まで私は聞かされた〝身売り〟の相手は、大手の予備校であった。個人経営の大学ではないので予備校側が手を引いたとは、当の記者の話であった。この時私が感じたのは、大学の経営権など、そんなに簡単に売買できるものなのかという驚きであった。

学長を務めていた三年間、職務上の理事として大学経営にたずさわったのだが、たくさんの学生を擁し、また教職員をかかえて、これらの人たちのために自分の力を賭けることが、いかにたいへんで、大きな負担を心身ともにかけるのかがわかったように感じている。後で述べるように、健康を明らかに害したし、精神的にはかなり消耗してしまっていた。

受験生の動向と大学経営

我が国の場合、私立大学の大部分は財政的基盤が弱く、大学経営の財源のかなりの部分を、当年度に入学してくる学生たちが納める入学金や授業料などの納入金に依存している。したがって、これらの大学では教育と研究の面に対し、一〇年程度の中期計画ですら明確な見通しの下に立案するのに苦慮することになる。多くの大学では、一九九二年度（平成四年度）の入試において、入学志願者数が最も多く、それ以後はほとんどの場合が減り続けている。

現在（二〇〇二年）では、入学定員を確保できない学部を抱える大学の数は七〇を越えている。このように経営を圧迫する受験生の減少に苦しむ大学は、すでにこんなに数多いのに、この傾向は今後しばらくの間続きそうである。大学受験年齢層の人口の推移に関する統計的な見通しによると、今後数年したらこの数はほぼ一定となり、それまで生き残った大学はその後は経営上、何とかやっていけるであろうということである。

もちろん経営上何とかなるためには、大学における研究と教育の面での知名度が社会の中で高くなければならない。受験年齢層の人口がだいたい落ち着いて変化がなくなったとはいっても、すぐれたよい教育を受けたいと望む受験生は、知名度の高い大学へと集中するようになろう。だから、大学間の競争がなくなるなどということはありえない。

研究と教育の面にすぐれていなければならないというように先に言ったが、そのためには教員たちが立派な研究業績を上げ、それらを社会へと発信し、それらの業績に基づいた教育を学生たちに施すことができなければならない。大学は研究機関ではなく、教育機関だという教員の数が、最近増えてきているように見えるが、それが研究業績の蓄積に立ったものでなければならないのだ、という大切なことが忘れられているようである。教育という事業は、創造力に溢れたもので占められていなければ、学生たちに創造的な能力を植えつけたり、そのための努力を生み出す力とはなりえない。受験をめぐる話題については、入試事業について述べる時に、いろいろな問題を取り上げる予定だが、大学経営の健全性に対しては、教員一人ひとりも大きな責任をもっているのである。大学経営にとっては、教員の側には何の責任もないなどということはなく、研究と教育という二つの義務を通じて、教員たちはすべて大きな責任を負うているのである。私立大学の経営は理事者側の責任だと言って知らぬ顔はできないのだという大切な事実を教員たちは忘れてはならない。

先程、私が働いている大学が、不正申請などで危機的状況を迎えたことがあったと述べたが、これが当面の大学における研究と教育にほとんど支障を来たさなかったがために、受験生の動向にはほとんど影響が出なかった。これはたいへんありがたいことで、創立後七〇年になる歴史の中で築かれてきた伝統と、それを培ってきた卒業生の多くが示してきた社会における実績とが、多くの人びとに認められていたからであろう。

今後、国立大学の独立行政法人化が実施に移され、受験生の奪い合いが激しくなるといった事態が生じるようなことが起これば、私立大学の多くは、経営面で大きな打撃を受けることであろう。どのような事態が起こっても、大学経営の面でほとんど影響を受けないで済むようにするためには、教員たちの顔が社会に見えるようになっていることが必要である。そのためには、立派な研究業績を教員一人ひとりが上げることである。そうして、それに基づいて創造的な独自の教育を行なっていくことである。教員一人ひとりは、大学経営に対しても、責任をもった存在であることを忘れてはならない。直接、理事会に関係をもつ必要はない。大事なことは、社会に見える顔、それも研究業績を通じて見える顔に、教員たちが皆なれるように努力し、実際にそうなることである。こうした自覚のない教員が、現在では多すぎるように感じられる。

大学経営の基本方針はどこで決定すべきか——私学の場合

将来の堅固な発展まで十分に考慮して、大学の構成について教員側で計画を立て、その実施に向けて努力することは、言うはやさしくて、行なうは極端にむずかしいというより、実際上は不可能と言ってよいほどの難事である。教員の側が中心になって、こうした計画を立案をすることは、それぞれの学部・学科の思惑や損得勘定、また利害といったいろいろな〝計算〟が介在してくるので、すべてが納得して、これでよいというところに到達するのが、まず容易でない。

教員側で大学経営の基本方針となるものを、学部・学科の構成について将来まで見据えて作成するなどということは、先にふれたように、自分が所属するところの利害損失をまず考えてしまうのだから、それを超越してやれと言ってもまずできることではない。新学部創設に当たっては、私たち数人が当時の工学部長を訪ねて、関係学部の教員として希望を述べたことがある。この希望は一顧だにされず、当時囁かれたように、新学部創設当時の学長、理学部長予定者、それに工学部長に関係のある三学科が開設された。新設の理学部の構成について、当時の新聞記事に出ていた数学と物理学の両学科の開設は見送られてしまっていた。理由はわからない。これら両学科の開設は、現在に至るまで実現されていない。教員側にこうした重要なことを任せたら、こんなことになってしまうという〝よい〟見本だと言ってもいいかもしれない。

理工系の学問にとって、数学と物理学の二部門の果たす役割の重要性が指摘されているのに、そのようなことは考慮の中になかったのである。現在では理系、文系を問わず、大学生の数学に対する理解力が極端に低下しており我が国が国是としている科学技術立国など、全くの夢物語として終わるのではないかと危惧されている。理学部創設に当たって、学生たちの育成に最も重要とされる学問が何かについて、当時開設に当たった人たちには残念なことに全然思い至らなかったのであろう。

今述べたように、学部・学科の創設に当たって、設置者である法人理事会にも教員側の責任者にも、学問の研究と教育にとってどのような教科が基本的で、どのように教育すべきかという視点が脱落していたと言ってよい。このようになったのも、学長ほか何人かの人たちが、自分たちの思惑というか思いつきというか、極めて個人的なレベルで創設のための計画がなされたためであろう。ここでは、将来の教育方針や発展に対する展望が欠落している。

学長として在任中に公表には至らなかったが、学部・学科の編成および教育課程について、個人的なプランを作ってみたことがある。公表したら教職関係の人たちから反対と激しい批判を浴びたことであろう。大学の自己点検・自己評価活動の一環として、「大学の設置理念と教育目標」を私の主導で策定した時、この中に「大学が〝学問の府〟である」と入れたところ、この作成に参加した若い教員たちから削除するようにとの強い要求があり、結局は含められなかった。それとともに、大学のなすべき事業として〝研究と教育〟と並べたところ、この順序も入れ換えさせられた(5)。

大学は学生たちを教育する所であることは確かだが、教育の任に当たる教員たちは、どのような教科目を担当していても、その科目について深く研究しており、専門家として自負できなければならない。自分で学んできたことを、その科目について講じられたら、それでよいというわけにはいかないのである。

かつてロンドン大学教授として、経済学方面について講義をしていたウィルキンソンは、教授は学生たちに比べて、自分が専門とする分野について何年も長く勉強しているのだから、学生を〝けむに巻く〟くらい簡単なのだと言っている(6)。彼によれば、後に就いたOECDの日本の出先機関での激務に比べて、大学教授という職業はたいへんに楽なものだということになる。こんなふうに教授たちの多くがなってしまい、学生たちの教育に当たるのだとしたら、こんな教授たちから学ばなければならない学生たちは不幸なことだと私は思う。

〝研究と教育〟の並べ方について述べたところから話題が外れていって、教授たちの資質を語るところにまでいってしまった。大学が学問の府、もう少しことばを付け加えると、大学は学問の研究の成果に立って学生たちの教育に当たる場なのだと、私は考えるのだが、現状を見れば、見るべき研究成果を上げたとはとても見えない教員たちの数が多すぎると言ってよいだろう。そうでないというのなら、大学は教育を主とする場なのだと主張して、教育を主とし、研究を従とするような主張など出てくるはずはなかろう。

このような面からも、将来における大学経営の基本方針を、教員の側で策定することなどほとんど不可能なことが了解されるであろう。教員側に責任を預けて、このような方針を提出するように求めたとしても、その責任に答えられるものを作れないのだから、理事会を中心に経営側で策定すべきだと私は考えるのである。理事会を中心に原案となるものを大学経営の基本方針について作成し、それを教員側に提示し、意見を聴取したらよいのだと私は考える。ついでに言うなら、学長も理事会が選任し指名すべきである。

教員側に委ねたら、教員たちの間にいろいろな思惑や損得勘定が入り乱れて、それぞれの学部・学科の主張をすべて取り込んだ将来への基本方針が作り上げられてしまうであろう。新学部構想などについても、大学全体の将来における発展まで考慮し、大学内における調和まで含めたものができるなどとは到底思えない。私立大学の場合、大学経営の中心は理事会なのであるから、将来の発展について十分配慮した経営方針を、学部・学科の構成まで含めて作成し、教員側に示すのは理事会の最も重要な職責だと言ってよいであろう。教員側の責任者として、私は大学経営の基本方針を提示するように求められたが、できなかった。このようになってしまったのは、一つにはこのような方針は理事会が作成し、教員側に示すものだと考えていたからである。前にふれたように、私自身のプランは提示されないままにきてしまったが、これが教員側に示されたとしたら、私が多くの非難や批判を浴びたであろう。このプランについては近い将来、どこかのメディアを通じて公表するつもりである。

第2章　大学改革とはいうものの――真の改革とは何か

大学改革という言い方が大学側からしきりになされるようになったのは、大学の〝大綱化〟の方針が文部省から出され、教育課程における専修、基礎、外国語などの科目の設定が各大学の方針に任されるようになって以後のことであろう。今から一〇年ほど前のことで、当時、国公私立とを問わずどの大学も経営上の指針の抜本的改革を中心に据えたところはどこにもなかった。大綱化の方針が打ち出されたあとで起こった最も大きなできごとは、教養部の廃止や、それに関連した教養や基礎の科目の大幅な減少であった。このようなことがあって後、数年して大学の多くは、受験年齢層の人口が最高となる時を迎えた。一九九四年（平成四年）のことである。

この年以後、この年齢層の人口は減少の一途をたどり、大学には「冬の時代の到来」とか、さらにはそれを通り越して、「氷河時代の到来」といわれる時代に突入した。このような大学にとってその存在が厳しく問われる時代に入っても、大学自体がそれに対応して何らかの〝手当て〟がなされたかというと、それは言ってみれば、すべて応急手当と言ってよい類のものであった。

それらの手当てとしてなされたことの一つは、大学の学部・学科の改組や拡充であり、それらは大部分が受験年齢層の人びとの関心をそそりそうな名前の学部や学科の新設や名称変更であった。教育カリキュラムの改革とはいうものの、それらも高校生や受験年齢層の人びとの注目を浴びたり、関心を惹きそうな科目が並ぶことになった。もう一つは、大学入学に際して課される入試の方式についての変更や拡大を図るものである。一つの大学で、いろいろな入試方式を受験生に課し、入学生を何とか確保しようとする試みは、入学試験をいたずらに複雑化し、教職員に過重な負担をかけるものとなった。その結果、受験科目数の減少や推薦制度による入学生募集などを招来し、大学生の学力低下に大きな力を貸すことになった。

大学改革の必要なことが叫ばれているのに、個々の大学のもつ特色を生かした教育プログラムを用意し、それに基づいた学部・学科の構成を作り上げるまでには、ほとんどの大学が至っていないのが現状である。大学で最も重要なことは、教員の質の抜本的な向上とそれに伴って必然的にもたらされると予想される教育プログラムの設定なのだが、その実現のためには教員の意識がまず変わらなければならない。だが、この意識を変えるためには、個々の教員の自覚を待っているなどという悠長なことを言ってはいられない。にもかかわらず、このことが強調されることはまずない。アメリカなどの大学に見られるように、個々の教員に対する厳しい資格審査とそれに伴う雇用条件の設定（解雇も含めて）が、我が国の場合ほとんどなされないからである。こうした個人レベルでの資格審査に踏み込んだりしたら、人権侵害だとか個人の尊厳に対する冒瀆だとか我が国では批判される怖れがある。教員に対する実力や能力が、我が国では公平な評価の基準になっていないからである。

大学によっては、学部や学科で入学生の定員が満たされないところがすでにたくさん出ている。このような大学は、ある大手予備校により〝F大学〟というレーベルを貼られているが、今後当分の間その数が増え続けることであろう。高校卒業生の半数近くが、毎年大学への進学を希望している我が国でも、その数が今後数年したら現行の大学における入学総定員の数に、ほぼ等しくなる。いわゆる大学全入時代の到来である。このような時代に立ち至った時、多くの大学が経営上成り立たなくなるものと思われる。〝大学バブル〟の崩壊の時代がやがてやってくると、各方面からすでに指摘されている。大学が倒産の危機に直面しないためにも、大学改革は急務なのである。

〝大学改革〟という魔法のことば

前章の終わりの節でふれたように、大学改革の方針は教員側に任せておいたのでは、たぶん大学の将来の生き残りに十分に資するものは生み出されないであろう。教員たちの意識改革が、たぶん最もむずかしいからである。このことは、私が指摘するまでもなく今までいろいろなところで言われてきていることである。教員一人ひとりにとって、研究や教育上の仕事に対し、現状よりも厳しい評価基準に曝され、その結果に基づいて地位や給与が決定されるようになったとしたら、教員たちの多くにとって好ましく〝ない〟事態が生じることであろう。口では、研究に全身全霊を打ち込んでやっているると言いながら、ほとんど見るべき研究成果を上げていないし、上げられない教員たちの数は、我が国全体では相当の数にのぼるであろう。研究成果がないではないかと指摘されたら、教育に十分に打ち込んで努力しているので。研究には手がまわらないのだ、といった逃げ口上が用意されている。

もっとひどい場合には、大学は教育の場なのだから研究成果について何のかのと言うのは本末転倒だといって、逆に文句を言われかねない。大学から〝学問の府〟というレーベルを取ってしまったら、大学にはいったいどんな存在価値があると、こういう教員たちは言うのだろうか。教員たちが、自分が担当する科目について講義するその内容は、自分がいろいろと勉強したことを右から左といった具合に、講義室で語ればそれで済むというものではない。次代を担う学生たちに、学ぶことを通じて自分に潜在する創造的な能力に気づかせ、それを引き出し、発展させ、将来彼らの人生において開花できるようにするため、講義ほかの指導を通じて自分の研究成果に基づいた努力を傾注する、これが教員たちのなすべき義務であろう。

だからこそ、教員一人ひとりがそれぞれ努力して研究成果を上げ、その成果に至る過程で学び取った事柄が重要となるのである。大学における教育は、学生たちに彼らが潜在的にもつ能力に気づかせ、その開発に資せるようなものでなければならない。ここのところで、教員が実際に研究の過程で経験した事柄が、学生たちの勉強や生き様にとって、もっと大きく言えば、彼らの人生にとって大切なヒントとなる。創造的な教育は、教員たちの研究課程における創造的な経験からのみ生み出される。創造的な経験は、教員たち各々にとっても大きな喜びであったはずである。こうした喜びを自分がもっていればこそ、同じような経験を次代を担う人びとにもぜひ味わって欲しいという感情も生まれるというものであろう。ここに、大学における教育の原点があるのではないか。大学は高校までの教育とは本質的に違うものでなければならないのに、この点に思い至っていない教員たちが多すぎるように感じられる。こんなことだから、大学は教育の場だなどという発想が生まれ、教育が主で、研究は従だなどと言い出したりするのであろう。

こんな寝ぼけたことを言って、自分のしていることに何の反省もない教員たちに、将来生き残っていけるための大学改革など任せられる道理がないことは、全く明らかであろう。そうであるから、大学経営の基本方針について教育と研究の面から考えた案を、教員側から作って提案せよと言ったところで、責任を十分に盛り込んだものなどできるはずがない。たとえば、学長選挙に際していろいろとした口約（公約ではない）の中に、新学部や新学科の創設など盛り込んだところで、それは大学経営の全体に関わる将来像をはっきり見通したものにはもともとなりえようがない。このような創設に絡んだ人たちだけに都合のよいものとなっているのにすぎないからである。

大学改革について、またその将来への方針や見通しについても、教員側から立派な案の出てくるのを期待しても出て来ないことは確実なのであるから、大学経営に責任をもつ理事会から教員側に提示できるものを作成しなければならない。そうして、それを教員側に検討させ、もし聞くに値するものが出てきたら聞き採用したらよい。国公立大学の場合ならば、文部科学省の内部に、大学の将来構想について企画・立案し、教員たちに提示できるだけの人材を擁する組織を設けるべきであろう。

〝大学改革〟ということばに酔って、新学部や新学科の設置あるいは教育プログラムやカリキュラム、またコース制の設定などで、変えてみたところで教員たちの教育に対する基本的な姿勢が変わるわけではない。大学の将来を見据えた方策というと、何か新しい学部や学科を作ったり、新しいコース制を設定したりすることだと思い込んでいる向きが教員たちの中にある。一番大切なことは、教員たちの意識が変わり、大学における教育が学生たちの潜在的な創造的能力を見出し将来開花できる糸口を作ってやることにある、ということを改めて確認することである。

教育とは、目に見えるものをこしらえたりして、喝采を博すために行なわれるのではないことを、私たち教員一人ひとりが忘れてはならない。私のことを、何もしない（しなかった）学長だといって非難する向きもあるようだが、先に述べたように、大学が〝保護監察〟下にある時には、大学の機能が正常化することが最優先に取り組むべき課題なのである。私は、このように考えて職務に従ってきた。目に見えないことを、やり遂げることの方がよほどむずかしいし、辛く苦しいことなのである。

最近になってようやく、ポピュリズムの弊害が指摘されるようになったが、人目に派手なパフォーマンスが、どれだけ国益を損なうことになったかについては、外務大臣として田中真紀子の在任中に起こった数々の不祥事を見れば、納得がいくことであろう。人目につくパフォーマンスをやることで、世論調査などにおいて喝采をえても、その人が視界から消えればそれまでで、あとは何事もなかったようにしてわからなくなってしまう。世論というものの危うさが、ここにある。世論の動向は、人びとの物の見方・考え方をステレオタイプ化する傾向を強くもつので、世論におもねったりする人間が出てくると、一国の命運にさえ関わるような事態すら生じる可能性がある。大学の場合でも、ポピュリズムが指向されたら、大学の将来さえ左右してしまうような大害が生じる可能性のあることを、私たち教員一人ひとりが、肝に銘じる必要がある。

教員の意識は変えられるか

大学における教育が、自分が学んだことを右から左へと物を移すのと同様のやり方で、学生たちに伝達することにあるのだとしたら、これは完全な考え違い、つまり誤りだと言わなければならない。学生に比べて、何年も長い年月を重ねているのだから、その間に勉強してきたことは量質ともにはるかに多いのは当然なのである。学生の無理解につけこんで、ゴマ化したりすることだって、いくらでもできよう。大学における教育が知識の伝達にあるのだったら、大学という機構の存在すべき理由などないということになろう。万人に共通に理解されるべき知識が作られていく過程で、どんなことが人びとの思考で、また行為で起こっているのか、またそれらの思考や行為が、いかに知識の形成に働くのか、その根底に横たわる人間の頭脳活動とそれに伴う行為とは何なのかといったことが、大学では学生たちに教員たち一人ひとりの経験に基づいて、講義の中で語られなければならない。

こうした教員たちの経験は、それぞれによる創造的な研究の過程から得られるもので、メディアを通じて知識を取り入れたというだけでは決して得られることがない。教育という行為が極めて個人的(personal)なものだと言われる理由がここにある。創造的な研究における自分の経験は、その一人ひとりに限られたことだが、その経験の本質は、普遍的な面を強くもつので、それが教育において大切な意味をもつのである。

今述べたことが、大学における教育から脱け落ちてしまうと、大学での教育くらい楽なものはないのだということになってしまう。この節の冒頭にふれたように、教員一人ひとりは学生よりも時間的にずっと長く講義科目に関わった勉強をしてきているので、教育の仕事が知識の伝達なのだとしたら、大学教員という職業はたいへんに気楽なものだということになろう。「乞食と教授は三日やったらやめられぬ」という揶揄ともいえるような言い方が、大学教員に対してなされているが、これは教員という職業が、こうした気楽さに堕するものだということを表しているのである。[1]

オルテガが『大衆の反逆』[2]と題した著書の中で述べていることだが、現代は〝大衆の時代〟（The Age of Mass）で、指導者として生きようと試みる人びとは大衆（mass）の動向に注意しながら、それにおもねるようにしつつ、自分たちが指向する政策なり方針を追求していかねばならないようになっている。[3]また、大衆の時代は、それを構成する一人ひとりが社会を、あるいは大きく見れば、国家を動かすことを目的に自由に発言できるし、その目的が貫徹されるよう要求できる時代でもある。大衆の一人ひとりは、たぶんたいていの場合が、ごく狭い領域の専門家にすぎないのに、あらゆる事柄に通じているかのように発言しうることを当然と考えているように見える。こんな時代であるからこそ、人目を惹く発言や行為によって、人気を得、それがまるですべて、自分の真の能力であるかのように錯覚する人たちが出てくる。最近注目を浴びるようになっているポピュリズムを指向する人びとの群は、こうした現代の病弊の一つなのであろう。

大学の中にも、自分の発言や行為により同僚たちや学生たちの間に、目立つように努めている教員たちが少なからずいる。教員たちの大部分は、自分が専門とする分野で何がしかの業績を上げていることを足場に、ほかの分野の事柄に対しても、まるですべてがわかっているかのようにしゃしゃり出てきて意見を述べたりする。どの分野にもこうした人がいる。彼らがオルテガの言う大衆の時代の申し子なのだろう。その一方で、面と向かって、その業績の客観的評価のこととなると口をつぐみ、知らぬ顔を決め込み、大学は教育の場なのだから、大学を〝学問の府〟だとする言い方を止めてくれなどと言い出す。自分の研究業績が、どんなにすぐれたものであるかといったことなど、自分から吹聴することではなかろう。こんなことについて、学生たちに語ってみたところで、どんな意味があるというのだろう。

研究業績がすばらしいものかどうかについては、研究上の競争者（ライバル）たちや仲間たちが評価するものであって、当の本人が、どうこう言うべきものではない[4]。この点で大いに問題があると考えられるのは、大学で作っている教員一人ひとりの研究業績に対する〝調書〟である。研究業績といったら、創造性（オリジナリティ）に何らかの関わりがある研究の結果が、第一に考慮されるべきものである。私の視点では、国際的に評価される英語など外国語で綴られた研究論文とそれに関わった作品ということになる。これらの仕事は、外国人にまで見てもらうことを目的としてなされるのだから、国際的な評価についても視野に入っている。理工系の分野でも、日本語の専門雑誌や学会誌などがいろいろとあるから、それらに日本語で寄稿する場合もあろう。これらもすぐれた業績だと言ってよいだろう。

まさかと私が驚くのは、大学内の出版物に寄稿したものが、研究業績として扱われる事例が極めて多いという現実である。新聞などに寄稿したものまで、研究業績だとなると、驚くよりも呆れてしまう。こうした出版物は、オリジナルな研究成果とは本来ほとんど関係ないものなのに、それらが研究業績とされるのは、研究という行為のもつ意味が誤って理解されているからに違いない。

どんな分野であれ、学問の研究に打ち込むという行為は、自分のもてる能力を極限状況にまで追いつめて発揮できるよう努力を傾けることであり、いわば骨身を削るような辛く苦しい作業のはずなのである。モーツァルトについて小林秀雄[5]が語った文章の中で、「天才は才能があるお陰で苦しむが、凡才は才能があるお陰で楽をする」というふうに言っているが、本来教員たちは凡才であってはならないのである。

教員の意識を変えることはほとんど不可能で、大学改革の中で最も実現のむずかしい課題だと言われるのは、現状のままの方が、はるかに楽に日々を教員たちは過ごしていけるからなのである。互いに競争もせず、怠けていても誰からも批判されずに日々を送れるという現実が打破されない限り、大学が内部から改革に向けて動き出すことなど不可能である。改革について検討し、何らかの方策を打ち出す責任が教員たちに委ねられているのだとしたら、何も生まれてこないであろう[6]。

教員たちは本来、週日はすべて大学の自室に来て研究しており、訪ねてくる、あるいは訪ねて来たい学生たちに扉が開かれていなければならない。にもかかわらず、ひどい場合だと、週に一日しか大学に出ない教員さえ実際にいるのだから驚く。ある時、教員たちは少なくとも週に三日、大学に出てくるようにとの要請がなされたことがある。この時、ある学部長が週に二日でできてきていることを、なぜ一日増やそうとするのかと発言した。教員の意識を変えることのむずかしさが、こんなところにも現れているのである。

教員に任期制の採用を

今から一〇年前のことだが、ある研究会で産業界から大学の教員に転職した人から、大学の給与があまりに低いのに当初驚いたが、やがてその理由が自分なりにわかって納得したという話を聞かされたことがある。この人はある商社を定年で転職したわけだが、給与が約三分の一になったという。だが、大学における講義の科目数は少ないし、楽だし、週に二日も出勤すればよい。これでは、給与が低いのは当然だというのであった。教員の給与は、たぶん産業界や実業界のそれに比べて、国公私立の大学に共通に押しなべて低い方だと言ってよいであろう。

何も高い方がよいと言っているわけではないが、大学における給与は教員一人ひとりの資質や研究業績などによる大学への貢献度に関係なく、年齢によって一律に決められているところが大部分であろう。悪平等がいわばまかり通っているのである。教員一人ひとりには、四つの義務が課せられていると時に言われるが、それらはすでにふれたように、研究、教育、学内サービス、学外サービスである。学内におけるサービスには、教育と研究を離れた面での、学生たちの指導、大学運営におけるいろいろな委員会の委員としての仕事などが相当する。これらのサービスは、大学教授たちの国際比較のための研究グループの調査によると、我が国の場合最も嫌がられるものだという(7)。

学外へのサービスは、政府機関をはじめとした公共的な諸事業に対するもので、先の研究グループによると、こちらへは教員たちは大いに参加したがるのだという。対外的に注目を浴びたり人の目に映ったりするので、参加を求めるものだそうである。このような事業に参加できるためには、自分が専門とする分野などで何らかの注目すべき業績などを当人がもっていなければならない。「私がやりたい」と希望しても、叶うものではないからである。

「乞食と教授は三日やったら止められぬ」という言い方が、教員という職業がいかに楽なものであるかを表すためになされていると前に述べた。大学が〝愚者の楽園〟であるという表現もある。大学を活性化させ、いろいろな研究業績が次々と出てくるようなものに作り換えるためには、大学は愚者たちの集団からなるものではなく、研究と教育の二つにまず意欲をもつ人たちから成るものでなければならない。そのためには一つの方策として、給与に関する悪平等性をなくすことである。もう一つの方策は、先にふれた四つの義務について、その様子を詳しく調査し、それに基づいて教員に任期制を適用し、終身雇用の体制から脱却することである。[8]

愚者の楽園だと大学が言われるのは、教員たちの多くが自分の勤務する大学へ、週にせいぜい三日しか出かけず何もしていないかのように日を送っているのが、外から見られているからであろう。また、「大学っていう所は、本当に暇なんですね」といろいろなところから聞こえてくるように、大学外の人びと目に映るのだから、教員自らが大学の社会的な評価を引き下げているのだという言い方もできるであろう。

アメリカの場合だと、助教授（Assistant professor）の任期は、たいていの場合が六年である。これが契約期間で、その間に内部で昇進するか、外部へ引き抜かれて昇進することがない限り、当の助教授は任期が終わると大学で働くことはできなくなってしまう。この助教授に就いている間に、独創的な大きな研究成果を上げれば、年齢に関係なく教授への道が開かれることになる。もちろん、アメリカの大学でも教授たちの間での顔と顔のつながりが重要だから、研究業績だけですべてが巧くいくとは限らないが、他人に高く評価される研究成果をもっていなければ、どうにもならないのは当然である。研究業績の評価については、我が国ではまだ妥当性に欠く面が時に見受けられるのは残念である。近い将来に改善されなければならない。この改善にとって任期制の採用も大切な役割を果たすことであろう。

我が国ではなじみがないが、アメリカにある tenure 制度のようなものが、いずれは我が国の大学における教員の任用にも採用されることになろう。この制度は任期制と密接につながっているからである。この制度は教員の研究業績を中心に、資格審査を行ない任期制の適用がないポストのいわば永久保証を与えるものである。このポストとしては、準教授（Associate professor）と教授（Full professor）が適用の対象となる。この保証を与えられると、教員一人ひとりは、任期終了後の職探しなどで心配する必要がなくなるのである。だからといって、心配が全然なくなったというわけではない。ポストに応じた研究の継続が求められるからである。こうした緊張が、ポストに就いている間ずっとついてまわるのは当然のことである。

研究と教育が、教員たちにとっては義務なのだと先に言ったが、これら二つとも忠実に果たそうとしない人たちがあまりに多いという現実を打開するには、教員一人ひとりの資質と研究業績について正しく評価し、任用の期限や給与を妥当に決定できる組織が大学には必要である。教員たちを含めて、人間という存在は本来怠け者なので、自由放任にしておいたらごく少数の例外を除き、怠惰に日々を送るものが多数出てくるものと予想される。怠けさせないためにも、厳しい業績評価や任期制の適用が必要なのである。

真の改革とは——学部・学科間の壁

大学に勤務する教員たちに義務として課されている研究と教育の二つは、他の二つのサービスに関する義務に比べて重要性の度合いがはるかに高い。研究と教育とは、教員たちが自分のもてる能力をすべて注ぎ込んで行なう事業であるから、そこには当の教員一人ひとりの人間としての資質、言い換えれば品格（英語の integrity に相当するか）が明確に現れることであろう。

教員とて人の子であるから、品格にすべての人がすぐれているというわけではない。ある特殊な学問分野に特別な関心を抱き、それに関わった勉強と研究をしようというのだから、見方によっては教員とは、人格的に見てひどく偏った人間ではないかといった評価も下せるであろう。人間としての資質、つまり品格に何か欠けた存在であるかもしれないのである。ある特殊な学問分野に特別な関心を抱くようになった動機は、教員それぞれによって異なっているだろうが、あらゆる学問について全体像を学んだ上で決まったわけではない。ただ単に何かのきっかけである特別な学問分野の勉強が好きになり、それを生涯の職業とするために大学に職を得た場合が圧倒的であろう。したがって、教員一人ひとりの研究における専門分野と、彼らの人間としてもつ資質や人格との間には因果関係が全然ないと言ってよい。このことは、教員たちの研究分野が彼らを人間として信頼しうる存在であることを保証するものではないと言っているのと等しい。

今までにもいろいろなところで指摘されていることだが、教員たちが大学における教育について公平な物の見方・考え方に立って将来像をいかに建設すべきかについて、あるいは大学改革の基本方針について妥当な意見をもっていることなど、まず期待しえないと言ってよい。自分たちの利益に関わることなら執拗に要求し、損・得勘定においては抜け目なく利益誘導をはかるのが、教員たちの姿だとさえ言われている。こうした経験は私にもいろいろとある。

新棟建設をめぐって、工学部の建物二棟を取り壊したあとの事業を決める際に、工学部長の職務にあった私は、「工学部はずるい」とか「巧いことをやる」とか「新棟の床面積が増えているのはどういうわけか」などと、いろいろな非難を浴びた。経営工学専攻の研究棟の取り壊しの際に、この建物の床面積と当時、面積不足のままになっていた分とを加えて、新棟建設に盛り込んでよいとの許可を理事会から取り付けていたのだから非難される理由などなかった。工学部長であった時に、工学部からの申請や依頼事項についてはすべて私は当時の事務局長へ文書にして提出し、理事会において検討してもらうようにした。一度たりと直接に理事長のところへ出かけたことはなかった。すべてを公明正大に取り計らってほしかったからである。

当時までは、理事長のところへ直接出かけて行って、秘密裡に理事長と交渉して決定してしまい、そのあとで教員側に公表されることがしばしばあった。私は一切このようなことはしなかった。法学部の新学科開設の申請に当たって、当時のその学部の学部長から、これについてはすでに理事長と約束ができているのだと教学評議会の席で報告された時には全くもって驚いた。こんなことは本来許されることではないが、このようなこと一つを見ても、大学経営に関する基本方針や大学改革の方針について教員側から原案を提出せよ、との要請がいかに見当はずれなことか明らかであろう。

工学部新棟の建設に当たっては、現有の研究施設をそのまま移転するのであって、新たにこの際いろいろな機器を購入したりすることは一切しないことが確約されていた。したがって、新規に研究用の機器を購入更新することは、工学部側からも全然要求されていない。それにもかかわらず、工学部出身の私が学長として工学部にいろいろと便宜を図ったのではないかと疑う向きもあったのには、驚くと共に呆れてしまった。後にふれるように、新棟の建設などにより建築や設計にたずさわった企業体から、私の所に付け届けがあったのではないかと直接言った教員がいたのである。こんな役得があるものだという〝常識〟は、本当に恐ろしい。

真の改革とは、という表題を掲げながら教員の資質に関わった事柄ばかりを論じてきたが、教員すべてに人格高潔であることを求めることなど、全くの不可能事に属する。学問研究の面で他人に侮られることのないすぐれた成果を上げている人は、その品格において欠けるところは当然見えなくなる。その成果に対する自信が、その人自身を卑しい存在としないようにしてくれるからである。人間、卑屈になるほど困った存在はない。このような存在である者の数がかなり多いと目される〝愚者の楽園〟に向かって、大学改革について何か将来に資する案を考えよと要請したところで、自分たちの無能力から利益誘導に走ることにつながるものを考えるだけということになってしまう可能性が大である。全学的な発展まで考慮した提案など、出すことはまずできないと言ってよいであろう。

大学審議会の答申の中に、学長の権限の拡大と学部教授会の権限の縮小の二つが示されていたが、これらはどちらも実現されねばならない。(9) その際、一緒に取り上げられねばならないのは、大学理事会による学長の選任権である。このような提案は理事会が、大学経営に対し強い責任感をもつ人びとによって構成されていることを前提条件にしている。理事会内の勢力分布によって学長の選任がなされるような事態は想定されていない。多くの大学で、学長は教員たち（職員を含むところもあろう）が、選挙して選んでいるが、これではいろいろな不正が介在してきて、よいやり方ではない。

第3章　大学は自らを律せるか——自己点検・評価ということ

大学改革の一環として、多くの大学が実施してきた事業に、自己点検・自己評価活動と呼ばれる事業がある。この活動は、主として教員の研究と教育の成果を中心に、各人の将来への指針とできるように試みる点検作業で、それに基づいて報告書を作成し、それに対し外部評価を受けようとするものである。自己点検・自己評価という活動が、教員たち自身の手でなされるというのでは、公正な評価や点検がなされようとはあまり期待できないことだと言えようが、この活動により大学経営に資するいろいろなデータが得られる場合もあるので、実施しないより実施する方がはるかに大学にとっては大切な事業だと言えよう。教員一人ひとりの研究業績や教育面での諸活動などすべてが、この活動を通じて明らかにされるので、教員によって自分の不行跡が明らかとなってしまう。だが、そのような結果がよい意味で、大学改革につながるなら、自己点検・自己評価活動がなされる方がよいのに決まっている。

大学の現状について詳細に把握し、その結果に基づいて将来の方向を発展的に展望しようという試みが、工学部長の職にあった時提案され、この事業が開始された。工学部内にも、そのための小委員会を設置し活動を開始した。だが、この活動の成果は印刷にまでまわったものの外部に対し公表されるものとはならなかった。今になって考えてみれば、これが自己点検・自己評価活動を意図したものであったことがわかるのだが、内容が十分に検討を経たものでなかった。工学部内でまとめたものは未完成のものだったが、校正に戻すとの約束の下に担当部署に提出したが、校正刷りはついに届かなかった。それだけならまだしも、未完成の原稿がそのまま印刷にまわされてしまった。このような経緯で、私としてはたいへんに不満のある印刷物が作られた。そのため、先にふれたように外部に公表されなかった。他の部局でも、工学部と似た事情にあったのだと思われる。

この印刷物は、未完成の原稿が含まれたままだったこともあって、自己点検・評価活動を取りまとめたものとしてはついに日の目を見なかった。そうであっても、工学部についていえばこうした活動は、部内における種々の問題を公にしたし、それらに対し、いろいろな改善の方策が打ち出せたりしてよかった。

そんなわけで、この仕事は一段落したものと思い込み、忘れてしまっていた。ところが、学長の辞令をもらって一週間経ったか経たなかったかの時に、提出の約束期限が来ているのに自己点検・自己評価報告書がまだ提出されていないが、どうなっているのかという問い合わせが、届け出先となっている大学基準協会から届いた。こんな約束がなされているということは、前学長からの引き継ぎ事項の中にはなかった。この協会からの文書によると、こちらの事情で提出できないならば、三年待ってもよいという条項が含まれていたので、常務理事会において了承をとり、三年後には必ず提出する旨の返事を出した。これらの経緯があって、私の最も重要な仕事として、自己点検・自己評価活動を各部局ごとに行ない、その報告書の作成に従うことが、課されることになったのであった。学長として在任中にはこの報告書は完成せず、学長を辞めて一ヵ月ほど後に大学基準協会へ提出する運びとなった。

自己点検・自己評価活動は、それに関わる報告書を提出してすべて終わりというわけではなく、今後五年ごとに同様の作業の継続が求められている。また、外部評価を受けるに足る事業を進めることも要請されている。いずれ近い将来に、アメリカその他で実施されているように、大学間における相互評価活動へとつながっていくのであろう。

自己点検・評価の活動は有用か

自分のしていることを自分自身で、これでよいのかどうかと多角的に見直し、それらがどの程度のものか客観的に自分で評価してみよと言われて、そのようにできると自信をもって言えるだろうか。人間という生き物は奇妙なもので、自分のことをひいき目に見る性向がある。このことを考えると、自己点検・自己評価という言い方は、いうなれば形容矛盾で、実際には不可能なことをやれと言っているのに等しい。だから、自己点検・自己評価の活動を行なうということは、極端にむずかしい事業だということになる。だが、いろいろな事業体を見ていて、巧くいっているところは、この活動が正しく行なえているはずだから、たぶん立派な事業主体が存在して、引っぱっていっているのであろう。

自分がどんな能力をもち、それが客観的に見てどの程度の水準にあるかについては、他人が判断したり評価を下したりするのが真実に近い結果をもたらすものと、私自身は考えている。私の個人的な見方では、自己点検・自己評価の活動自体は、それほどの重要性はないのだ。もちろん、この活動は自分を律することにもつながるので、やってみることは大事だと考えている。しかし、この活動を行なったのだから、自己改造などで大きな成果が上がったなどと考えることはしない方がよいであろう。

いつのことだったか、文部科学省(まだ文部省といわれていた)へ出かけ、私学関係の部局が並ぶ階の廊下に置かれていた戸棚と机の上に、いろんな大学から提出されたたくさんの自己点検・自己評価の報告書を見かけたことがある。これらを見ながら、多くの大学がたいへんな労力と金を注ぎ込んでこれだけの仕事をしたのだと感じるとともに、これでどれだけ大学自体の中味が変わったのだろうかと想像してみた。これらが大学の創造的な活力を生み出すのに役立っていたとしたら、たぶんいろんな学問分野で、世界に誇れるようなオリジナルな業績が生まれることになったことであろう。だが、創造的な成果など、そう簡単に生み出されるものではない。要は、個人の超人的ともいえる努力がこうした成果を生み出すのだからである。

私の勤める大学では遅ればせながら、三年かけて自己点検・自己評価活動を行なう方針を立て、それについて教学改革委員会に諮ったところ、案の定、委員の多くから疑問の声があがった。当然反対の声もあった。一度は、印刷物まで作っているのではないか、それなのにどうしてまた改めてこんな作業をするのかといったものが多かった。すでにふれたように、作られた印刷物は外部に公開できるような代物ではなかったので、それについても私は厄介な説明をせねばならなかった。自己点検・自己評価活動を実施し、それに基づいて報告書を作成し、大学基準協会へ提出することに先にふれたように反対の意見もあったが、このような事業が行なえないようなダメな大学という評価だけは、どんなことがあっても避けねばならなかった。そこで反対を押し切って、この事業のための小委員会を発足させ、各部局にもそのための委員会を設置し、活動を進められるように取り計らった。私としても、反対する人たちを押さえて、こんな面倒でたいへんな事業を起こしたくなかった。だが、大学の評価が下げられることだけは、大学の将来を考えてみれば絶対に許されないことであった。保護監察の身ならばなおさらのことであった。

自己点検・自己評価活動は、自分たちの行状を自らが推し量るのだが、正しい評価だということには本来つながらない。自分をひいき目に見て甘い評価を下すことは避けられない。それに、我が国では、人の資質や研究成果の価値など個人に関わることに対しては、厳しい評価をしたがらないところがある。アメリカの場合だと外部評価における accreditation と呼ぶシステムが実施されており、評価を受ける大学を外して、一〇前後の他の大学からなる外部評価委員会が、いろいろと厳しい注文を評価の中で下すようになっている。このシステムは、評価を受ける大学が謳っている教育と研究の内容が、実現されているか、また、そのためにはどのような改善をすればよいかなどを勧告するのである。

横浜国立大学の工学部に対する外部評価委員会の一員として、何年か前に当学部における研究と教育の内容について、研究室ごとに審査する外部評価に加わったことがある。公聴会における聴聞から出版物ほかの調査などを通じて、私なりの判断を下したのだが、公正にどれだけやれたか全く心もとない。外部評価でも非常にむずかしいものだと実感した。

この工学部に所属する教員個々の研究業績については、すべて明らかにされていたので、この面では内容についてもよくわかったように感じる。だが、自分の大学において教員一人ひとりの研究成果を公表することが、自己点検・自己評価活動の報告において義務づけられていることを明らかにした時には、多くの教員たちからこの公表に対する反対があった。研究成果については、求められているのが過去五年間におけるものという基準があるので反対されたのである。その理由は、当然予想されるように、この短い期間内に全然仕事をしていない教員がかなりいたからである。

研究らしい研究もしないで、教授や助教授という身分に安穏に就いていられることの方がよほどおかしいことなのに、そちらには目が向かず自分たちの不行跡を隠そうというのだから呆れてしまう。過去五年間の業績がない人たちのことも考慮して、結局この期間の制限を外して自分で最も重要と考えられる研究業績について図書または研究論文を個人調書に集録することにした。それでも、白紙のままの人たちがかなりいたのではないかというのが、私の推測である。

したがって、結局は自己点検・自己評価活動は、自己満足的な面が強い。あるいは、自慰的なものだと言ってよいかもしれない。だが、この活動を契機として学内に教員たちの自己啓発の動きが出てきたし、外部評価あるいは相互評価に向けてこの活動が発展的に進むように見えるのは好ましいことだと言ってよいであろう。

何年か前のことになるが、東京大学の理学部において物理学科と数学科の教員たちとそれに関わる研究業績および運営の仕方などに関する外部評価が実施された。その結果について、友人の一人が副学長の職にあったこともあって、公表された印刷物を分けてもらって見たことがある。ずいぶん厳しい指摘もあったし、女性教員数の比率に対する批判など、日本の実情にそぐわないと考えられるものもあった。だが、概ねは妥当だと感じた。外国人まで含めた外部評価委員会の評価結果だから、厳しいのは当然かもしれないが、教員たちの四つの義務がいかに履行されているかについて厳密に審査されない限り、大学の中味がよくなるなどとは期待できないことであろう。

教員一人ひとりの研究と教育についての評価も、外部評価か相互評価が外からなされて初めて我が国の中において、あるいは国際的に見て大学がどの程度に位置づけられるか明らかになるのであろう。大学が外部評価で高い評価が得られるには、教員たちの資質とそれがもたらす研究業績の内容がすぐれたものであることが必要である。自己点検・自己評価活動は、そのための自己啓発への動機づけとなるものだという意味は少なくともあるのだから、こうした活動はできれば毎年実施すべきなのであろう。だが、報告書までとなるとたいへんだが、少なくとも三年ごとにはなすべきであろう。

自己点検・評価を外部から見る

自己点検・自己評価活動を行なうに当たっては、その活動の基本原則とでもいうものが、まずなければならない。それに基づいて、大学のどの面が今後改善されるべきだとか、見直されるべきだとかといった事柄が明確にされる。また、よい面も当然のことながら見つけられる。この基本原則ともいうべきものが大学の設置理念とそれに基づく教育目標である。

この設置理念と教育目標は、本来大学の設置者あるいは創立者が開学に当たって謳ったものであるべきだから、建学の趣意に添ったものではあるのは当然である。したがって、設置者あるいは創立者が建学に当たって謳ったいわゆる建学の精神を体したものと、設置理念と教育目標はなっていなければならないのは当然である。

大学が、そこで学ぶ学生たちに専攻する学問の拠って立つ基本的な学理を理解、修得させ、それらに基づいて後の人生を豊かに送れるように資することができるような教育プログラムを設定するのは当然の役目だと私は考えている。そのためには、その大学に職を奉じる教員たちは学問が立脚する基本的な学理について深く研究して理解していなければならない。言い換えれば、立派な研究業績を自らが専攻する学問分野とその周辺領域についてあげており、それらに基づいて教育ができるだけの力が、教員たちになければならない。

大学の設置理念と教育目標には今述べたようなことがひと目見てわかるように盛り込まれていなければならない。どこの大学でもこの二つの事項については、高邁なことを謳っている。これは当然なことである。どの大学でも、次代を担う若者を何年間かにわたって受け入れて、大学が選択した教育プログラムに従って学ばせて後に、社会に送り出す役割を果たすことが目的に入っているからである。この目的の実現にとってぜひなされなければならないことは、教員たちが学問研究においてすぐれていることはもちろんだが、人格的もすぐれていることである。

自己点検・自己評価活動の基本方針に当たっては、大学の設置理念と教育目標が建学の理念に副ってまず決定されていなければならない。この設置理念と教育目標は本来、私学にあっては理事会の下で作成されるべきものだと私は考えるのだが、教員側で原案の作成を担当することになった。したがって、学長であった私の下で作成ということになったわけである。私としては、原案を作るのは自分でよいとしても、それを検討して最終案とするためには、何人かの人たちの協力が必要であった。

このような人として、私はまず法律学の方面で名前をよく知られた、私自身尊敬している年長の教授にまず当たって依頼した。私自身も若くないので、この年長の教授とともに、自己点検・自己評価活動が恒常化される時期が到来した頃には定年で大学を去ってしまっているからというわけで、二人の若い教員にもこの検討グループに加わってもらった。どちらも学部長の職務に就いていた。

私が現代の若い人たちの考え方を理解できないのか知らないが、大学の設置理念と教育目標に含めた、大学は「学問の府である」という表現を外すよう要求された。大学が学問の府であることを止めたら、いったい何が残るというのだろうと言いたかったが、大学は教育の場なのだというのである。冒頭で述べたように、大学における教育は、教員たち自身の研究成果を背景になされるものである。そうでなかったら、学生たちが専攻する学問の基本的な学理を理解させることなどできないであろう。自分が創造的な経験を研究の過程でしているからこそ、学問の理解にとって最も大切なことが教授できることになるのである。

だが、結局のところ、「学問の府」という用法は、ついに採用されなかった。「研究と教育」も順序が入れ換わって、「教育と研究」という表現になった。これらのことについては前に述べたので、ここに繰り返す必要はなかったのだが、どういう経緯で〝学問の府〟が消えることになったか少し詳しく述べてみた。こんなことでは、大学が存立するための最も重要な条件が失われるのだから、本来は恥ずべきことだと私は考えるのだが、一〇年以上の年齢差があると、その懸隔はもう埋められないほどひどく大きくなってしまっている。大学の教員が研究をしないで、自らの学問を放棄したらいったい何が残るというのだろうか。こんなところにも、大学の荒廃した姿がのぞき見られるようになっている。

学長の辞令をもらって半年ほど経った時に、ある大学に「大学の活性化と勝ち残り」[1]という題目について講演に出かけたことがある。この大学では、すでに二度までも自己点検・自己評価活動の報告書を作成して大学基準協会に提出し、それについて助言や勧告をいろいろと受けており、改善などの施策を行なっていた。私を招いてくれた教授たちとの間で交わされた話の中に、こんなのがあった。

教員たち一人ひとりの研究業績なども一覧表にして個人別情報として報告書に含めたのだが、第一回目の報告書でまったくの白紙のままだったし、第二回目のそれもまた白紙のままだった教員たちが、ずいぶんといるということであった。人間落ちるところまで落ちてしまうと反省も何もないし、改善の努力すらしないのだと、ある人は言いながら半ば諦め顔で呆れていた。大学が学問の府であるところを止めたら、研究成果を全然上げない教員たちの数は、たぶんぐんと増えることであろう。

こういう研究上で何もしない教員たちの存在が、大学の社会的な名声を引き下げ、自分たちが働いている大学の品位を汚し将来における大学の存立すら脅かす存在に自らがなっていることに気づいていないとしたら、そのような大学に明るい未来はないと言ってよいであろう。自らの怠惰に気づかないとしたら、もはや回復の見込みの立たない重症患者と同様の存在に大学が陥っているということであろう。

大学が教育の場なのだとする逃げ口上には、次のような言いわけが実は隠されている。学生たちの質が低下し、理解力が乏しくなってしまっており、学問についての基本的な学理を理解させるのが極めてむずかしくなっているのだから、まずは教育だというのである。教員から見たら学生が物分かりが悪いのは、いつの時代でも見られることである。

京都大学理学部の学生となって初めての「物理学」の講義で、田村松平教授が私たち新入生に向かって言ったことを私は今もって忘れない。[2]「近頃の学生は、講義にはよく出るが、試験をしてみるとさっぱりできない。昔はこうではなかった。講義などにはほとんど出なかったが、試験をするとよくできた。講義によく出席していた学生たちのできは悪かった」と言うのであった。生物学専攻を夢見て入学した私には、この田村教授のことばは大きな衝撃であった。今に至るまで、田村教授の真意は、私にはわからない。

学生たちに対する講義において、どうせ理解力に劣るのだからとか、近頃の学生は真面目に勉強する気などないのだからとかいった先入見をもっていたら、講義の内容はおろそかになるし、学生たちに熱意など伝わってはいかない。熱意など初めからないし、話す内容にも十分な準備に基づいたものだという自信もないから学生たちからみたら「いい加減な講義だ」と直ちにわかってしまう。これでは、学生たちの心に訴える内容など初めから生まれようがないではないか。こんな気持ちで講義をしたりする教員の心に、研究への意欲など生じるはずがない。このような過程を経て研究業績などほとんどないか全然ないという教員たちが作られてくる。

大学の質を決めるのに最も大きな役割を果たすのは、教員の質なのだということを私たちは忘れてはならない。教員がすぐれた研究業績を上げ、それらに基づいて専門書や啓蒙書を著していれば、社会の中に見える存在となる。こうしたことを通じて、大学の質の向上に寄与できるというわけである。教員たち一人ひとりは、この意味で社会における大学の評価に対して連帯した責任を負うているのである。「私は関係ない」と言って済ませられることではないのである。大学が学問研究の中心となる存在であることは、教員たちの自覚とそれに基づいた研究業績から確認されることなのである。大学の設置理念と教育目標から、「学問の府」という用法を外すよう要求した教員たちに猛省を促したい。また、真の教育には、教員が立派な研究業績をもつことが、どれだけ重要なものか、これも再確認しておきたい。

自己点検・評価活動の報告――消えた私

学長の任期は三年だし、二期連続などということは稀にしか起こらないから、自己点検・評価活動の報告書が完成する時には、私はたぶん責任者の地位には就いていないだろうと予想していた。実際、その通りになった。

任期が終わった後、一ヵ月ほどしたら報告書は提出されなければならないから、任期中にすべての作業をほぼ終わっておく必要があった。大筋の方針ができ上がった時や、報告書の内容、また印刷にまわす前の原本が形を整えた時などには理事会で報告し、原本については回覧して理事たちに見てもらった。報告書の内容は教育と研究に関わった部分がほとんどだが、経営にふれたものが僅かだがある。これについては、大学の経理担当の事務職員に業務を依頼した。報告書の作成には、自己点検・自己評価推進本部の副本部長を務めた学長補佐の努力が最も大きかったが、それを助けた学長事務室の担当者の苦労も非常に大きかった。最終的な責任を学長が負うのは当然だが、本部長の私が一番楽であったと言ってよいであろう。

自己点検・自己評価報告書は、私が学長を辞めた年の夏に、大学基準協会へ付属資料とともに提出された。(3) この報告書に対する基準協会からの返答はすでにあって、いくつかの指摘事項があったことについては私も知らされた。報告書の内容については、一応はすべて目を通していたから承知していた。前文については、印刷される前には見ていないので、届けられた報告書で初めて見た。

自己点検・自己評価活動の報告書作成に向けてスタートする時に、反対にあったりしながら、ほぼ三年という歳月を費やして作業が進み、報告書ができた時には、私の姿はどこにも見えなくなっていた。学長を辞めればただの人となってしまうのだから当然であろうが、大学というところはこういうものなのだと再認識させられた。

自己点検・自己評価活動は、報告書を作ったらそれですべてが片付いたというわけではない。これは継続した大学の事業として、今後も続けられていくものである。この事業が成功するかどうかは、教員たちがこの活動を通じてどれだけ自己改造でき、研究と教育の両面でどれだけ改善されたかにかかっている。教員一人ひとりの研究業績についても公表されるのだから、この活動が強力な刺激となって、多くのすぐれた研究成果が上げられれば、こんなうれしいことはない。だが、ある大学の教員がもらしたように、研究業績が白紙のままでも少しも恥じず、いつも報告書の業績欄が空白のままという教員もいるそうだから、教員にとって自己啓発などということは、ほとんど期待できないことなのかもしれない。〝消えてしまった〟私だが、大学が自らを律せる存在となれるように個人として努力は続けるつもりである。

しかし、国際交流センター所長から始まって、工学部長、学長と一〇年あまりにわたった学内サービスの期間は、私には少し長すぎたように感じる。研究面では、大きな遅れをとったと実感している。こんなことが、私個人の自己点検・評価の中に含まれている。

教員は、自らを律せるか

教員一人ひとりは、大学を離れれば一介の市井人である。市民という言い方もあるが、こう言うのをはばかる教員もけっこう多いので「一介の云々」という言い方をした。大学にあっては教員という存在は、大学を構成する三者の一つを担っている。教員のいない大学などというものはないのだ。そうであるならば、教員たちはすべて自分が大学を背負って立つくらいの自覚がなければならない。寄生虫のような存在であってはいけないのだ。

それなのに講義はいいかげん、研究は全然しない、学内サービスは一切やらないなどといった教員が多すぎるのではないか。教員の中には一週に一日しか出勤しない者もいるから、大学とは過ごしやすい〝よい〟ところなのであろう。教員に対する給与は、週日はすべて出勤することを当然のこととして計上されているから、週に一日しか出勤しない教員には、その一日分に当たる分だけ給与として支給すればよいことになろう。このように考える人びとは、社会の中にはかなりあり、大学とはこんなでたらめができるところなのかといった批判がある。大学の将来における生き残りに関するセミナーを学内で開いた時、就職情報などで有名な「リクルート」から招いた講師は、このような状況が多くの大学に見られることにふれ、給与のただ取りだと言って激しく非難していた。残念だったのは、この非難を受けるべき教員たちがほとんど出席していなかったことであった。

「教員が自らを律せるか」という問いには。教員自身の振舞いが倫理的であることは当然なのだという意味が、当然含まれている。大学ではどこでも近頃は、教員と学生との間に起こる性的嫌がらせ(sexual harassment しばしば「セクハラ」と略称)に関係した問題の発生に神経を尖らせている。(4)セクハラについては、社会からの厳しい批判や非難を浴びるからである。このセクハラ問題に関連して、私が勤務する大学でも学生を対象に全学的に一度、いろいろな角度からアンケート方式によって調査したことがある。この大学で初めての実態調査であった。

この調査結果によると、教員や事務職員と学生との間、それも女子学生との間で起こった性的嫌がらせが予想よりも多かった。教員からの女子学生に対する性的嫌がらせには、筒井康隆の『文学部唯野教授』に描かれているようなものや、それよりはるかに深刻なものまであった。これらの調査結果に基づいて、学内にセクシャル・ハラスメント対策委員会が設置され、その相談窓口となる教員たちが、事務職員とともに問題の処理に当たっている。ここにも、教員たちの倫理観の欠如を感じさせるものが多い。

この倫理観の欠如の例として取り上げるべきものに、たとえば、教員の役職をめぐるものがある。次章でピーターの法則について述べるときにもふれるが、大学では教育面での最も高位の役職は学長で、それより上はない。こんなわけで、教員が大学での地位を求めるとすれば、学長になることを目的とすることになろう。だが、私が経験したことで最もひどいのは、国際交流センター長への指名をめぐるものであった。これは学長指名で決まる職務だが、各学部から選出された候補者の中から学長が指名するのである。

このセンター長を、私は三年あまり務めたのだが、最初に指名された時には、私はある学部長からこの指名を辞退するようにと勧告された。この学部長に、その学部の学科主任と、この学部からの候補者とが同席した。当然のことだが、この勧告は受け入れられるものではなかった。学長から指名されて、私はセンター長に就任したのだから辞退する理由などなかった。このようなことが、学部の利益だか何だかわからないが、起こるのである。

国際交流センター長の任期は二年だが、私は二期続けて務めることになった。この時の指名をめぐっては、直接私に向かって「自分の方が適任なのだ」と言ってきた教員がいた。大学では、こんなことも時には起こる。学長の職務に就いていた時にも「辞めたらどうか」と、私に向かって勧めた教員もいた。どちらについても私は聞く耳をもたなかったのだが、学長の方は実をいうと、内心辞めてもよかった。ただ問題は、第一章で述べたように、当時大学は〝保護監察〟の状態にあり、私が〝自発的〟に辞任したとなると、学内抗争を疑われたりして、大学の信頼回復の大きな障害となることが、私にとっては最も大きな懸念であった。私が最も重要と考えたのは、大学が正常化へと歩んでいることを示し、私学助成についても一〇〇パーセント回復し、大学の名誉を回復することが急務であると考えていた。そのため辞めることは、絶対に受け入れられなかった。

国際交流センター長の任期途中で、工学部長に進出されたので、私は国際交流に関わった業務から去ることになった。一九九三年七月半ばのことで、センター長の後任が決まるまで私は二つの職務を兼ねた。学内規定によると、このように兼務することは禁止されるはずなのだが、例外として認められてのことであった。その夏、イギリスのアストン大学から日本語研修のために大学へ派遣された約二〇名の学生たちの世話があった。このうちの一人の女子学生は、研修期間に私のところでホームステイをした。

私の後任となる国際交流センター長の指名がなされたあとだと記憶しているのだが、ある学部長から私の家へ電話がかかってきた。この人がぜひにと推している教員が指名されなかったのだが、私がそのように取り計らったのではないかと言ってきたのである。当時の理事長のところへも、この人事で掛け合ったとも言っていた。その頃はまだいろいろなことについて理事長と直接交渉する教員たちがいたのである。こんなことが許されては絶対にいけないのだが、こうした人事についてまで自分たちの利益を図ろうとする人たちがいたのである。

教員たちの一部には倫理面で自らを律することのできない者たちがいて、それを全然怪しまないのは、人格的にも欠落したものがあるのではないかという思いを私は棄て去ることができない。

現在、私が勤務する大学では、六学部において、学んだ学問をさらに深く学び研究するための課程として、大学院の研究科が博士後期課程まで設置されている。このほかに、学部とは独立して歴史民俗資料学研究科も設置されている。これらの七専攻には、博士の学位審査権も与えられている。したがって、各研究科とも博士後期課程担当の教員たちから成る学位論文の審査も、もしこうした論文が提出されればできるようになっている。すでに何人かから学位論文審査請求がなされており、実際に博士の学位が授与されている。

学位論文の提出をめぐって起こったことのうちで、私にとって忘れられないのは、この提出の手続きを間違えていながら、ある教員の言い方によれば、「学長の真意をただす」という事態の生じたことである。この学位論文提出の手続きは、細部については各研究科ごとに異なっている。ある元教員からの学位を請求する論文が、この手続きを踏まないで、大学院長を兼ねる学長に直接まわすべく事務部へ提出された。そのため、事務部では正規の手続きを取ってもらうように考えて、たぶん返却したのであろう。これが件の元教員ほか何人かの教員の怒りを買い、「学長は怪しからん奴だ。真意をただして来い」ということになって、関係の研究科長が私の許に見えたのであろう。

この詰問については、当研究科の学位審査規定を参照することから、こちらには何の非もないことが明らかになったのだが、私に対して怒った教員たちからの釈明は一切なかった。

この元教員の学位論文については、提出される以前に主査を務める教員がすでに決まっていたということだが、この教員も手続きがどのようなものか考えてもみなかったのであろう。新制度になって学位審査のやり方と、学位の重みが旧制度と大きく異なるものとなっているが、やはり学位論文がすぐれたものでなければならないのは当然である。

現在では、多くの大学で学生たちによる授業評価がなされるようになっている。各教員が担当する教科目（または、講義科目）を受講した学生たちが、当の教員の講義内容のわかりやすさの程度、また教育上の態度、話し方などいろいろな項目について評価する。学生は名前が匿名なので、教員の教育態度や講義の仕方になどについて、ずいぶん厳しい指摘や批判がある。いい加減としか考えられないものもあるが、だいたいのところは、学生たちの評価も妥当なものとなっているようである。学内でも全体的にではないが、学生による授業評価がなされている。ある学部でなされた授業評価の報告書については読んでみたが、反省すべきことが多く含まれていると感じた。教科目名がわかると、教員名が示されていなくてもどの教員が担当しているのかがわかるから、どんな講義がなされているのかが想像できた。

学生たちによる授業評価は、教員個人に関するものだが、教員たちが講義の仕方の改善や講義内容の質の向上などに資するのに利用できるように、教員名も公表されるべきだと私は考えている。教員たちが相互に研究し合って、さらによい講義ができるようになると予想されるからである。学内でのある学部に対する授業評価の結果について、ある教員について厳しい評価がなされていたので、公表が禁止されているという噂があるが、本当なら呆れたものである。

我が国ではほとんど実現しないと予想されるが、外国でなら、ある教員の講義を聴くなどということとは当然のことである。鈴木孝夫慶応大学教授（当時）によれば、この人がある同僚教授に彼の講義の聴講を申し出たところ拒絶されたというが、日本ではこのようなことを実現するのは困難だというのが、彼の到達した結論である。(5) 私の同僚が、ある〝長老〟教授の講義を、自分が新米なので参考のために聴かせて欲しいと頼んだら、「私の顔に泥を塗るつもりか」とひどく叱られたそうだが、我が国では教員たちの間で講義を互いに傍聴することはほとんど不可能だと言ってよいであろう。この教授は、自分の講義に対し自信がないから、他人の批判を拒んだのであろう。

外国にしばらく住んで、大学での経験もある私は、教員同志で講義を聴き合うことなど当然だと考えているが、我が国では相互に聴講などということはほとんど起こりそうにない。私は今まで東京大学、京都大学ほかいろいろな大学の講義に出かけているが、教員たちが私の講義に出席して傍聴する場合が何回もあった。それについて、私は断ったことは一度もない。これは当然のことだと考えているからである。

同僚の教員たちに聞かせられないような講義を、学生たちに向かってしているのだとしたら、許せることではない。前にウィルキンソンの述べていることにふれたが、(6) 教員の方が学生たちに比べて担当する教科目の中味についてより詳しい知識をもっているのは当然のことである。この知識を振りまわして自分勝手に〝言いたい放題〟の講義をされたのでは、学生たちはたまったものではない。今〝言いたい放題〟と記したが、「〇〇論」とか題して、自分の話したいことを学生たちに述べるのは止めるようにすべきではないかと何人かの教員に言ったところ、自分で言いたいことを言って何が悪いのだと返答されて唖然としたのだった。こんな講義は絶対にしてはならないと、マックス・ウェーバーが厳しく警告しているではないか。このような教員に、自らを律せよと言っても、どうにもならないのであろう。またこれでは、自己点検・自己評価活動をしたからと言って、教員個人の研究と教育に対する身の処し方が変わることも期待できないであろう。

大学の対外的な評価を上げたり下げたりすることに、教員たちは大きな責任を有する。この評価により、入学してくる学生たちの資質にも相違が生まれてくる。学生たちの理解力が落ちたという前に、教員たち自身にも考えてみるべき点があるはずである。ただ残念なことは、我が国の文部科学省自体が初等・中等教育の質を低下させ、国民全体の知的水準の低劣化を自ら作り出そうとしているように見えることである。(7) 自国民を愚民化することが文部科学省の役人たちにとっての目的なのかと問いつめ、真意を聞き出したいものである。

第4章　地位を求める人びと――ピーターの法則の是非

当然のことだが、大学では教授が最高の地位である。したがって、学内サービスの職務に就くことがなかったら、この地位までで昇進は終わりとなる。一般的に言って、大学に職をうるのは若い時であるから、助手とか講師といった職務から、その経歴は開始する。大学によっては、勤務年限が昇進にとって重要な場合がある。たとえば、講師を二年務めたら助教授への道が開け、さらに助教授として六年務めたら教授に昇進できる条件が充たされるといった具合である。

勤務年限だけが昇進の時に考慮されるのだとしたら、教員から研究や教育への意欲が失われていくのは避けられない。報われない努力をしようなどという人は、たぶんあまり数多くはいないと思われるからである。研究は教員の義務だと言っても、研究の成果が昇進に関係なかったら懸命に努力しようという気持ちが生まれるだろうか。

現在、我が国の大学の多くは能力給か年齢給かで揺れ動いているように見える。今でもまだ、年齢によって地位や給与が決まっている大学が大部分であろうから、研究は教員一人ひとりの自覚に委ねられていると言ってよい。研究は義務なのだと言っても、研究しないからといって減給や降格の制度があるわけではない。こうした制度で後から尻を叩かれないのだから、失職の心配なしに研究できることになり、やろうと思えば相当の研究ができる可能性がある。ところが、我が国では研究論文の生産でも毎年少なくとも二、三篇は専門研究誌に発表せねばならないなどという暗黙の了解事項は存在しない。

人間は生来、勤勉にはできていないと私は見ているのだが、我が国では性善説というか、人間にはゆとりをもたせた方が創造力が発揮できるのだという思い込みがあるようだ。初等・中等教育にもゆとりが大切で、それを取り入れることにより児童や生徒たちの創造力を大いに育てようという方針が、文部科学省の役人たちによって立てられている。これでは、我が国の次世代、次々世代の人たちの愚民化につながる懸念があるのに役人が全然気がつかないのだとしたら、本当に〝おめでたい〟国である。

大学の教授は、次代を担う人たちの教育の最終段階を受けもつのだから、我が国の将来がどう進むのかについて、大きな責任をもつ。したがって、研究と教育に対し、自分のもてる全精力を注ぎ込んでいく気概が、教員たち一人ひとりになければならない。この気概は、次代を担う人たちにとって、人生の指針となれるような手掛かりを与えるものにつながっている。教育は、自分が学び取ったことを伝えるところに目的があるのではなく、教員たちが自分で実際に行なってきたことを手本として見せられるところにある。「自分の言いたいことを言って、何が悪いか」と私に向かって言い放った教員がいたが、このようなことは許されないのである。ピーターの法則は、教員のすべてに対してではないが、大学にも適用できるという例証にはなる。

ピーターの法則(1)とは簡単にいえば、人間は自分の無能を証明できる地位にまで昇進するというものである。著者によれば、大学ではどんなに地位が上がっても学長までだから、この法則が適用できるかどうかわからないと言っている。また多くの大学で、学長は経営上の能力の有無を基準に選出されるわけではないから、ピーターの法則が成り立つとは、我が国の場合では強くは言えないように私は考えている。

ピーターの法則を教員に当てはめる

教員の昇進が年齢や勤務年数で決まる大学では、教員の能力、とくに学問的な能力がとくに評価されるわけではないから、ピーターの法則はまず当てはまらない。しかしこうなると、教員たちは初めから能力的にすぐれる必要はないから、無能力でもよいということになる。これでは、ピーターの法則は教員としての着任時にすでに成り立っている。こんな教員たちから教育を受ける学生たちはまことに不幸なことである。とはいうものの、教員の昇進には何らかの研究業績があることが少なくとも必要で、昇任人事の案件を見ると、どの場合でも研究業績のリストが提示されている。大切なのは、研究業績の中味だが、専門分野が違えば、そこまで立ち入って評価することはほとんど不可能である。かくして昇任人事については、推薦母体の学部における評価が、そのまま通り、教学評議会で昇進が否決されることはまずない。これも言ってみれば、一種のお手盛り人事だということになろう。

「○○歳になったのだから、そろそろ教授に推薦したっていいんじゃないか」、「早く上げないとあとの人事に差し支えがでる」などといった言い方がしばしばなされるのは、昇進という本来ならその人の能力や研究業績の質で決められるべきことが、それほど重視されていないということを意味する。そうして、だいたいにおいて年齢順に、〝めでたく〟教授へと昇進していくことになる。大学院研究科を担当できるかどうかが懸念されたある教授が、学内報に続けて四つ論文（?）を掲載して、担当できる資格を得たという例があったが、〝誰も読まない〟学内報などとからかいの目で見られている出版物に書いても、本人としては何かやったという気持ちに浸れるのかもしれない。大学では、どの学部にもこうした学内報があって、年に何回か出版される。これらの学内報は、文部科学省にも届けられるが、多くの大学の図書館や関係学部の図書室などへ送られる（「贈られる」と言った方がよいか）。

だが、これらの印刷物はほとんど誰の目にもふれることなく、図書館や図書室の受付けから、どこかの書架へ直行ということになる。大学によっては、不要だから送ってくれるなという断り状が来ることすらある。今では行なわれていないだろうが、こうした学内報への寄稿に対して原稿料が支払われていたことがあった。ある教員は、かなりの金額をこうした原稿料で稼いでいるという噂さえあった。

この原稿料の支払について驚いたことの一つは、原稿を書かせるために原稿料を払ってやるのだという発言が、ある会合の席でなされたことであった。原稿料が出なくなれば、学内報に書く人がなくなるという懸念も表明された。こんなにまでして作った原稿の質が高いとは思われないから、金の無駄遣いだと言ってよいであろう。

こんなふうにして自らの無能を証明する教員たちが、学内に増えていくことになる。ピーターの法則をこうした教員たちに正しくは適用できないかもしれないが、学問的実力を伴わないで大学における最高位の教授の地位にまで昇りつめるのである。

すでに何回かふれたように、勤務する大学の国際交流センター長を私は三年あまりにわたって務めたが、この職務が私にとって適したものであったとは考えていない。そうではあったが、長い外国生活を経験しているから英語には困らないだろうという〝配慮〟はあっただろう。センター長に指名される前に、二年にわたって私は副所長を務めていたので、職務の内容についてはほぼ正確に摑んでいるとは考えていた。

学長指名がなされて数日して、前にすでにふれているように、ある学部長ほか二人の教員にこの指名を辞退するよう迫られたことがあった。辞退を迫った教員のうちの一人に、所長の職務を譲れというのであった。私は辞退する気持ちはなかったが、私をセンター長に指名した学長の下を訪ねて、一応報告した。学長へは直接要求してはいなかったらしいが、学内ではこんな恥ずべき行為に出る人たちもいるのである。それほどにまで、ある地位を欲しがるのが私には不思議である。個人的にもセンター長になりたかった教員から、自分の方がずっと立派にセンターを運営できるのだ、という意味のことを言われたこともある。人間も自分が見えなくなると、これほどまでに自信をもてるものかと私は感心した。というより、驚いて返すことばがなかった。

これとは事情が異なるが、ある教員から「自分は物理学をすべてわかった上で、この方面の研究をやっているのだ」と言われて、びっくりしたことがある。「この方面」と今言ったが、工学のある分野なので、物理学については基礎的な理解をしているのは当然のことである。だが、すべてわかった上でとなると「待てよ」と言わなくてはならない。私は物理学者の一人としてある程度のことは理解しているつもりだが、すべてわかっているなどは、どうあがいてみても言えない。現在では、物理学のあらゆる分野にわたってわかるなどということは不可能となってしまっているからだ。

時には、自分の研究が世界的だとか国際的だなどと自分から言う教員すらいる。こういう話には乗らないことにしているのだが、その人がどんなにすぐれた研究業績を上げたかどうかといった事柄は、学界や多くの研究仲間たちの評価で決まるものであって、自分から言い出すことではなかろう。大学ではどんなに頑張っても教授より上の地位はないわけだから、研究業績で自分を誇りたいのだろうか。自分の力を過信したり過大評価したりするということは、自分自身を客観的に突き放して見えなくなっているのだから、ピーターの法則がここでは成り立っていると言ってよいのかもしれない。

教員たちがそれぞれ自分の存在に対して強い自信と自負心をもつことは大切だと私は考えている。だが、それらが実質を伴わない場合には学生たちにとっても空威張りにしか見えなくなってしまうということを忘れてはならない。教員たちのプロフィルのような印刷物に、自分がいかにすぐれているかどうか、どれほど多くの研究論文を書いたとか、あるいはまた対外的にどれだけ高い評価を得ているかなどを記してみたところで、これらがそのまま個々の教員の本当の力を表しているわけではなかろう。もちろん、実力の一部を反映しているではあろうが、人間の評価はあくまでも他人がするものであって、自分から言うことではない。自分のしたことを世界的だなどと、どういうところから出てくるのだろうか。

地位と学問的業績との関わり

教員の義務には、四つあると述べた。研究と教育は当然のことだが、他の二つは学内と学外におけるサービスである。学内サービスはあまりありがたがられないという調査結果があるが、学外サービスとなるとその逆で、大いに喜ばれるということだ。大学の外で催されるいろいろな集会へ出かけて講演をしたり、会議に委員として参加したりすることは、個人としての満足感をくすぐるので喜ばれる。こうしたことができるためには、それ相応の研究業績がなければありえないことだから、めでたいことだというべきであろう。

大学での地位は、学内サービスに従うことがなければ、教授の職が最高だから教授となってしまったら、どんなに立派な研究業績を以後上げたところで、別のポストが待っているわけではない。また、給与が上がるわけでもない。考えようによっては、大学という職場は平等を指向する場だと言ってよい。教授たちはすべて同じ資格で大学に職を得ているのだからである。違いといったら、年齢による給与差だけであろう。教授としての質の評価は研究成果だが、同じ分野を専門とする教員はいても極めて少なく、まっとうな評価はできない仕組みである。大学の方針が、一専門・一教員が原則だからそうなるのである。大学が教育機関であるから、人事がこのようなってしまうのである。したがって、互いに学内で競争しながら研究業績を上げようなどと努力することもなくなってしまう。

どんな分野でも、学問的な研究を深めればそれだけ自分がいかに不明であるかがわかってくる。そうすれば、物理学すべてを理解しているなどという発言は決してできなくなってしまう。ある時、物理学専攻でない教員が私に向かって物理学の基礎の講義など簡単だ、自分は専門のこれこれについて講義しているのだと言ったことがあった。そこで、ちょっと悪いなと考えたのだが、いたずら心を出して、この人に向かってこんな質問をした。

「ここにリンゴがある。リンゴと地球との間には重力の作用が働いている。この時、リンゴが地球を引っ張る力と地球がリンゴに及ぼす力とは、どっちが強いのだろうか」

これに対する答えは、

「決まっているではないか、リンゴが地球に向かって落ちるのだから、地球がリンゴに及ぼす力の方が大きいのだ」

というものであった。これで、物理学の基礎の講義など簡単だというのでは、物理学が全然わかっていないと結論しなければならない。こんなことでは、月が地球に向かって落ち続けているという事実も、なぜだかわからないに違いない。(2)

歴史上の近代成立期が、地球が寒冷化した時代であったことは現在では確立された〝事実〟である。(3) 寒冷化したと言っても、年平均気温あるいは夏の三ヵ月の平均気温についてみると、現在のそれに比べて摂氏にしてだいたい〇・五度程度のことである。こんな小さな変化は一日のうちに何回も起こるし、一日の間の最高・最低の温度差は、時には摂氏一〇度以上にのぼることもある。この一日の気温変化と地球全体に対する年平均気温の変化とは、物理的にみた時、意味するところは全く異なる。この相異が理解できず、私の著した『太陽黒点が語る文明史』(3)(中公新書)を、こき下ろした教員がいた。

「一〇度にも及ぶ一日の気温差ぐらい、私は平気だ」と言ったのである。こんなことを大学の出版物に書いていたので私は呆れたのである。無理解とは悲しいことである。

学問については、研究すればするほど、自分がいかに小さい存在かがわかってくるはずなのに、それがわからず、ちょっとした成果が研究であがったからといって偉くなったように思い込むのは困ったことである。大学が「愚者の楽園」だといわれるのは、こうした愚かな人たちが安穏に暮らせる場だからなのであろう。地位と学問的業績との間に、均衡が伴わない世界が、教員たちの実像なのである。今では大学教授と呼ばれる人たちの社会的な評価は、ずいぶんと下がり、社会から尊敬を払われる存在ではなくなった。だが、こうなったのも、自分たちが〝虚像〟を作ってきたからなのである。

競争のない閉じた空間

我が国では教員の一人ひとりが、研究の主体だと想定されている。それぞれの居室が、「研究室」というふうに呼ばれていることに、それが現れている。今、居室と言ったが、教員たちが大学内で占める居場所がこれで、そこでは研究もなされるから「研究室」と呼ばれるようになったのであろう。研究室は、教員が一人で占拠する場だし、我が国の習慣では部屋のドアは閉められるから中ではどんなことでもできることになる。教員と学生の間の性的嫌がらせ事件が起こりやすい環境が用意されているのである。

今どんなことでもできると言ったが、研究室の中では何もしないで怠惰に過ごすこともできる。しかも、外から見えないから、自ら求めて怠け者となることも可能である。また、すでにふれたことだが、どの大学でも教員の数は、大学が用意すべき専門の教科目数でだいたい決まるので、一教科目一教員という対応となっている。したがって、研究上で教員間の競争や協力関係が生まれることはほとんどない。(4) しかし最近になって、これではいけないと気づかれて学部や学科を超えた協力研究などが推奨されるようになったが、真の協力関係からはまだ遠い。同じ分野で協力体制が取れる教員たちが揃えられないからである。

その上、丸山真男(5)が指摘しているように、研究者一人ひとりが自分の狭い専門に閉じこもり、まるでタコツボの中にじっと閉じこもったような状態になっている。彼によれば、こうした傾向は〝タコツボ型〟に分類される。外国の人びとが示す傾向は〝ササラ型〟で、互いの間でのコミュニケーションがよい。自分のタコツボにはまって出てこないでいれば、互いの間では何の連絡もなしで過ごせる。互いに自分たちを磨き合い、競争し合いながら研究を進めていくという雰囲気も生まれない。

悪いことは、自分の研究内容は他人のそれとはまず関係がないのだから、互いに公平な評価ができないことである。こんなところからも、自分の研究成果を誇大に考えて、世界的だなどといって怪しまなくなってくる素地が生まれることになる。

他人の研究分野が自分のそれと異なっているのだから、もともと他人の仕事に対して何の関心も抱かなくなる。その上で、自分の専門に関わった教科目だけを担当し、講義をしていけばよいということになると、懸命になって努力しなくても何とかやっていける。ここにも、教員たちが怠け者となれる条件が用意されている。こんなふうにして、昔の大学教授によく見かけられた学殖にすぐれた偉大な人たちが、ほとんどの学界からも消えていなくなってしまった。

というより、大学の数があまりにも多く増えてしまった結果、本来ならばとても教員として大学に職を奉じることなどありえなかった人たちが多数、大学で働けるようになった結果、こうしたダメ教授たちが学内を跋扈するようになってしまったのだといった方がよい。我が国では、ダメ教授でも教授としては同格だから、学内では一切の差別がない。給与についても差別がない。大学には自浄機関がないのである。

大学を活性化させるには

仲間たちと競争することもなく、一人で自室に閉じこもっていて外に出るのは学生たちに対し講義する時だけとなると、教員自身が一人よがりに物事を考えるようになるのは避けられない。その上、研究を全然しないということになると、教員の本来の勤めが果たせない人間となってしまう。こんな教員たちが増えていったら、大学の活性化など覚束ない。どこの大学でも同様であろうが、教員人事の停滞という大きな問題が活性化を阻害している。ある大学にいったん就職すると、別の大学へ転職ということは極端にむずかしくなる。我が国では、人の質より帰属先の質の方が重視されるので、人の資質まで帰属先によって判断されるようになる。(6)

今勤めている大学に就職して二、三年経った頃だったが、ある出版社の社長が本を作る相談に訪ねてきたことがある。その時、この人が私に向かって尋ねたことで今でも忘れず覚えているのは、私が何か人の怨みを買って、こういうところに押しこまれるようなことになったのではないか、ということであった。(7)この人の真意がどこにあったのかについては私にはわからないが、帰属先で人間を判断してしまうという、私たち日本人の悪い癖がここに出ているように感じた。

アメリカの場合だったら、自分の大学を良くしようと経営者側が努力し、たとえば、国際的に有名かノーベル賞を取った研究者たちを高給で教授に迎えることを考える。そして、研究施設や研究資金の充当を改善し、多くのすぐれた研究業績が上がるように努める。私が働いたことのあるメリーランド大学では、天文学の研究グループを育てるために、オランダからガルト・ウェスターハウトを教授に迎え、天文学プログラムを物理学科の中にスタートさせた。彼が外国も含めいろいろなところから優秀な人たちを集め、立派な研究グループを作り上げたのであった。

メリーランド大学流体力学・応用数学研究所に私が勤めていた時には、ヤン・バーガース、ウォルター・エルザッサー、スティーブ・ブラッシュ、ヘルムート・ランズバーグ、S・パイ、ツヴァンテイッヒなど、世界に名だたる教授たちがいて、圧倒されるように感じた。バーガース教授は当時すでに八〇歳という高齢だったが、名誉教授として研究にたずさわっていた。こんな高齢でも、非線型問題について本を書いたりしていた。このような研究所が大学の拠点としてアメリカ中に名前を轟かせていたので、国内外からたくさんの研究者が長期・短期に訪れて研究していた。こんな研究所の一員として、短い期間だが働けたことは幸せだったが、ここを辞めたのは、大学内の組織の改組が計画され、こうした硬い（hardな）分野を縮小し、柔かい（soft）分野を拡充することになって、この研究所は数年後になくなることが明らかにされたことに主な理由がある。そのほかに、アメリカでの競争の熾烈さにはとてもついていけないと感じたことも事実である。この研究所は、大学が州立なので、州の方針が変わったことから存立しえなくなった。このようなことはアメリカではしばしばあり、NASAでも、一つのセンターが廃止されたのを私は目の当たりにしたことがある。

その点、日本では競争と言ってもアメリカで見られるようなほどのことはないし、競争などないと言ってよい。だから、自分のタコツボにはまって自分だけの世界を作り出し、そこで安住していられるということになる。研究論文がないとか、研究をしていないのではないかなどと批判されたりしたら、二、三年で何か結果が出るようなチマチマした研究なんかやろうなどとは考えていないのだと、逆に反撃することさえできる。私に面と向かって、「私はライフワークとなる研究をやっているのだ」と言った人さえいるのだ。

国際交流センター長を私が務めていた時のことである。国際交流協定校の一つであるアメリカのカンザス大学の教員ほか一三名からなる教育調査団が来日し、約一ヵ月滞在したことがある。一九九二年春のことであった。この調査団はフルブライト・プログラムの一環として計画されたもので、我が国の初等・中等教育がどのように実施されているかについて、調査・研究することが目的であった。最初から、高等教育、言い換えれば大学における教育は含まれていなかった。

我が国における高等教育が、どれほど質の悪いものかについてはすでに外国に知れ渡ってしまっていたので、この調査団の研究課題には、大学での教育の調査は含まれていなかった。そのためか、私のいる大学での教育については、教員養成課程のカリキュラムなどについての関心以外のものはなかった。彼らによると、我が国の技術的発展のすばらしさの秘密が、初等・中等教育のあり方に隠されているのではないかというのであった。

国際交流センターでは、事務部の次長（当時、部長職は空席）を中心に、数は少ないながらこのプログラムの成功に向けて努力が傾けられた。来日した人たちにとって、こちらが手配した調査対象とした小学校、中学校、高等学校それに予備（学）校からも、とてもよい協力が得られたことが、多くの重要な研究資料の収集とともに、忘れられない日々となった。私にとっては、これら一三人を自宅へ招いてしばしの時を過ごしてもらえたことが、よい想い出となっている。あれからすでに一〇年にもなるが、今でも何人かとは連絡を取り合っている。彼らにとってもこの来日がよい記憶として残っているのであろう。

いろいろな協同研究プログラムをどのように組み上げていくかについて検討するために、私はカンザス大学をその後三回訪ねた。一回は、首都ワシントンで開かれた世界宇宙研究会議（World Space Congress）に出席した後、日本への帰途立ち寄った。この会議に招かれていた私は、招待講演で宇宙線の起源に関係したテーマについて話した。[8] これらの訪問の主な目的は、先に述べたようにどんな研究プログラムが取り上げられるかについて、理工学方面の教員たちと話し合うためであった。だが残念なことに、一つもうまくいかなかった。いくつか取り上げられそうなものがあったが、具体的な作業にまで入るまでに至らなかったからだ。いざという時、こちら側が消極的となり、テーマに関わった教員たちが引き下がってしまったのである。私の方から尻をもっと強く叩けばよかったのかもしれない。

先に述べたフルブライト・プログラムを実施するに当たっても一悶着あった。カンザス大学側からこのプログラム実施への申請に当たって、受け入れ側である私どもの方からの引受け承諾書が必要だと伝えてきた。私は、このプログラムを実施したいと考えていたので、承諾書の文面を英文で作り、当時の学長の許を訪ね、この書類に署名してくれるよう依頼した。その時、この申請を断れないかと言われたのである。学長は、このプログラムの実施で面倒なことが起こったら困るので、できることなら実施したくなかった。だが、私は署名してくれるまでずっと待つと言って動かず、実施に当たっての責任はすべて私が取るからと言って粘った。

結局署名してもらい、承諾書は送られ、調査団の来日が可能となった。今になって想い出すと、ずいぶん強引に学長に迫ったものだと思うが、このプログラムの実施は、両大学にとって本当によい結果を残してくれたと考えている。世界宇宙研究会議からの帰途、カンザス大学へ立ち寄った時、調査団の一三名が私たち家族を温かく迎えてくれ、いろいろな催しをしてくれたこと、また学長夫妻が私たち家族を招いて、一夕を供に過ごしてくれた。このプログラムの実施を援助できて本当によかったと個人的に考えてもいる。

大学の活性化にはいろいろなやり方があろうが、まず第一に大切なことは、教員たちが積極的に研究のために努力し、よい研究成果を上げることである。これらの成果は学界の内部で注目され、高い評価を得るに違いない。社会から見えるかどうかは学問の性格にもよるし、人びとの関心がどんな方面に向かっているかにもよる。しかし、国内外の研究仲間からよい仕事だといって誉められる業績を生み出すのが第一の仕事で、教員一人ひとりは最大限の努力を傾けなければならない。

一人で安住できるタコツボの中に隠れて、外から見えない世界に閉じこもり、何もしないでいるというのでは、自分の義務を果たしているとはとても言えないであろう。現在では、教員たち一人ひとりが自分の所属する大学を独りで背負って立つくらいの気概をもって、研究と教育に当たることが要請されている。あと数年したら巷間に言われている〝大学全入時代〟となる。我が国の全大学が公表している入学定員の総数が、大学進学希望者のそれとほぼ同じとなるからである。こうなると当然定員割れを起こす大学が、かなりの数にのぼるものと予想される。このような事態が到来するのに際して、生き残っていけるためには、教員たちが社会に見える存在となっていなければならない。

社会に見える、と今言ったが、教員たち各々による研究業績が学界内だけでなく社会的にも高く評価されるものとなっていることである。教育は、こうした研究業績がどのような創造的な行為を通じて達成されたかに基づいてなされるべきもので、自分が勉強した事柄を学生たちにただ伝達すればよいというものではない。学生たちにとって、自分たちが学ぶ大学にこんな人が教員としているといって誇れるような存在になれるよう、教員一人ひとりは研究に、また教育に向かって努力を重ねていかなければならない。大学の活性化は、教員たち自身が自分が働く大学を、社会から高く評価される存在となれるように、研究面での努力を傾け、立派な成果を生み出すことから果たされる。

現在大学で一番欠けているのは、大学を良くするのは自分たち自身であるという教員たちの自覚である。こうした自覚に立って努力し、立派な研究成果を生み出した教員たちの数が増え、それらの人たちが学外サービスの面で、社会的に高く評価されるようになれば、大学自身の社会的評価がぐんと上がるはずである。教員たちは誰もが、大学に対して寄生虫的な存在であってはならないという大切な基本原則を忘れてはならない。大学が「愚者の楽園」だなどと言われていること自体あってはならないことなのである。

第5章　入試業務は大学最大の行事

大学は学生の存在があって初めて成り立つ高等教育機関である。高等とわざわざ付けるのは、大学で学んだ後に将来社会へと出て行った時に、そこで自分が学び築き上げた学問的な教養と行動力が人生の指針とできるものとなっていることに、大学教育の目的があると言ってよいからである。その意味で、大学は最終的な教育機関なのである。大学院があるではないかという議論もあろうが、ここではすでにもつ学問的な教養からさらに進んで、特殊課題について深く専門的に学び、研究を重ね、学問の進歩に貢献できるような研究業績を生み出すことが目的となっている。社会人として正しく生き、かつ行動できるような人間を育成するところは大学なのだと言ってよいであろう。

だが、大学の現状は高等教育機関としての機能を十分に果たしているとは、とても言えないような状態にある。大学生として大学が用意した学習すべき教科目を履修して卒業したのに、大学を卒業したとは言えない学力のままの人たちが、我が国の場合あまりにも多い。大学生として学ぶに足りるだけの理解力をもっていない若者が、大量に大学に入って来ている現実が、このような悲劇的な状況を生み出している。大学の多くが、大学生として学ぶに足りる学力をもたない若者を多く学生として収容しているがためである。

大学が高等教育機関として十分に機能できないのは、今見たように学力不足や理解力不足の学生たちの存在だけでなく、大学自体の財政的基盤が極端に弱いことにも原因がある。学生たちからの納入金に強く依存した経営体制では、学力不足の若者を学生として受け入れざるをえないからである。こうした問題は、現在のところ私立大学の多くだけに見られることだが、国立大学の独立行政法人化が実現すると、国立大学でもその多くが学力不足・理解力不足の学生を多数入学させざるをえなくなるものと予想される。現在でも、国立大学についてもごく少数の大学を除けば、私立大学と事情はあまり違っていないであろう。大学生の学力低下は著しく、国際的な水準から見てもかなり見劣りすると現在指摘されているし、数学に関する学力は哀れと言ってよいような情況にある。

こんな情況にあっても大学として存立していくためには、学生たちを受け入れなければならない。学力不足・理解力不足の若者たちでも、この大学へ入りたいと希望して集まって来てくれるなら、経営上これほどありがたいことはない。先にもちょっとふれたように、学生たちからの納入金が頼りの大学であるから、若者たちから魅力がないものとして見棄てられたら、大学は倒産する運命を免れない。現在では、F大学というランクで呼ばれている大学や学部が実際に出てきているのである。

文部科学省も、入学定員を集められない大学が出ることについて、傍観することをすでに決めている。また大学が倒産することになっても、これも仕方ないことと認めているのである。(1) こんな厳しい時代に生き残ろうと試みるならば、大学で実施する入学試験や編入試験にたくさんの受験生が集められるよう大学自体を改革し、それを世間にアピールし認めてもらわなければならない。大学にとって、入試業務が最も大切なものだというのは、大学の死活が受験生の動向にかかっているからなのである。受験世代の若者にアピールできるためには、当の大学に働く教員たちの質と彼らが提供することのできる教育の内容が高くすぐれたものでなければならない。教員一人ひとりに自分のもつ学問の質を高めるように、理事会などの経営側が要求するのは当然だということになる。こうした要求に応じられない教員たちが大学を去らねばならない時代がやがて来ることであろう。

多くの大学で、入試業務についてはいろいろな工夫がなされており、入試の様式にも驚くようなものがある。こんなにまでして、入学生を確保しなければならないのかと言いたくなるが、大学が生き残るためには一人でも多く入学生を迎えなければならないからである。

入試は大学にとって大事な事業

現在、我が国の私立大学で財政的に健全で、学生からの納入金をあてにせずに経営できているところは、まずないと言ってよい。国の経済も破綻状態にあり、金利が極端に下がってほとんど無利子と言ってよい状態では、それを利用することもできない。こんなわけで、現金収入が最も重要でそれが学生からの納入金というわけだ。

私立大学では、国公立大学の受験料に比べて二倍あまり高い金額を一回の受験に対し納めなければならない。このことは、どれだけ多くの受験生を集められるかによって、大学への収入が大きく違ってくることを意味する。受験料一件に対し、三万五〇〇〇円とすると、一万人の受験生が来てくれれば三億五千万円。これが、大学に受験してくれるだけで入ることになる。もちろん、受験に際しては、試験場の設定、監督、採点といったいろいろな業務に相当の額を計上しなければならないが、受験生がたくさん来てくれることは、大学にとって経営上、たいへんにありがたいことである。

受験にパスした時、入学金といわれる金額を所定の期日までに納入して、入学に対する保証を得ておかなければならない。この金額は初年度授業料と同程度の額が、たいていの大学で設定されているから、入学が決まった受験生の保護者にとっては〝辛い〟額である。言い換えれば、大金だということだ。大学によっては、入学金のほかに何口とかいって寄付を要求するところもある。ごく最近でも、帝京大学の医学部についてのニュースが、新聞紙面を賑わせたことはよく知られていよう。

かつては、入学金はいったん支払ったあとは、入学を辞退しても大学からは返却されることがなかった。さすがにこの頃では、入学金は入学をあくまで保証するための納入と考えられることとされ、入学式がある期日までに辞退となった場合には返却されるようになったところが多い。このようになったのも、社会的な批判の目が厳しくなったためと、受験生を何とか迎えたいという大学の苦肉の策の結果である。「入学を辞退される場合には、入学金は返済しますから、どうぞ受験してください」というわけである。また、同じ大学に複数回受験する場合には、割引き制度を設けている大学もある。このようにできるのは、たいていの大学が受験日程を三日から四日にわたって設定しているからである。

このようにして、大学は受験生から入る納入金による収入をできるだけ多くし、経営に有効に利用しようと、いろいろな工夫をこらしている。したがって大学にとっては、入試という事業は経営上、最も大切なものだということになる。受験の方式は、数日にわたって実施される学力試験だけではなく、各種の推薦入試その他は、毎年の一一月以降には実施できるようになっている。こんなわけで、大学によっては一五種類、あるいはそれ以上に及ぶ多様な受験が可能となっている。先に見た学力試験は、毎年二月にならならないと実施できないように定められている。

これらの試験の多くにいくつかの学科目について入試問題を作らなければならないから、作問に当たる教員の負担も多くなる。最近いろいろな大学で、入試問題に誤りがあったとして新聞ダネになるが、教員たちの入試業務への負担が大きくなり、注意が完全に行き届きかねるような事態が生じ、誤りを完全になくすことが、極めて困難な状況にあることに一因がある。数年間にわたって採点方式の変更に気づかなかった山形大学工学部における誤りは、入試問題ではなく教員側に許されない不注意によるもので、これは謝罪して済むようなことではない(2)。

入学試験に当たり、いかにしてたくさんの受験生に来てもらえるかは、大学の財政運営に関わっているのでどの大学でも、できるだけ多くの人に受験してもらえるよう努力している。

各種の推薦入試とか、特殊技能による入試を許可する制度とか、いろいろとある。だが、そこでは、ただ単に受験生の数を増やそうとしている姿勢が見え隠れしている。これは、どうみても倫理的ではない。特殊技能と言っても、大学生としての潜在的な学力を測れないようなもの、たとえばケンダマ競技日本一だとか、あるスポーツで高校総体上位だったとかいったことが、入学の条件にされるとなると、ちょっと待てよ、と言いたくなる。

学力や物事に対する理解力について測らないで入学させてしまい、入学後の学生たちの学力が低下しているから、まともな授業ができないなどと文句を言うとしたら、誰がこういう学生を迎え入れることを決めたのか、ということになろう。大学への入学資格は、あくまでも学力と理解力のあることなのであって、それらを欠く人たちを学生として入学させたのなら、教員たちが努力して学生たちの学習能力を引き上げてやらなければならない。これは、教員たちの義務である。

現在では、私立大学の多くが大学入試センター試験を利用するようになっている。高校生の多くがこの試験を受けているので、この試験を利用して入学生を選抜することにすれば数は多くはないが、入学生を確保することができる。この試験の受験料は、私立大学の入試受験料に比べれば半額以下だが、受験希望者の数に見合うだけの受験料が大学に入る。この試験における合格最低点を割合高いところに設定しておけば、対外的には大学のランキングとしては高くなるという利点もある。

今述べた最低点をあまりに高く設定したがために、このセンター試験を利用していると言っていながら、入学生が一人もいない大学もあるといった笑えないような本当の話もある。どこの大学でも、このセンター試験を利用して入学定員のすべてを採用しようとは考えておらず、たいていの場合が入学定員の一割（一〇パーセント）程度に抑えている。一〇種類あまり入試方式を採用していれば、この程度に抑えられるのは止むをえないことなのである。

工学部長の職務に就いていた時に、工学部は最初一学科だけが大学入試センター試験に参加した。理学部三学科は最初から参加した。こんなわけで、理学部長と交互に一年おきに大学側の責任者を務めた。全国一斉に同じ日に同じ時間割を設定して試験を実施するので、その責任者の時はずいぶんと緊張した。現在では、工学部も全学科が参加しているし、文系学部もすべて参加するようになっている。

大学にとって入学試験は最も大事な事業だが、教員たちの中にはこれが自分たちの義務とは考えていないものがかなりの数いる。したがって、入試業務はボランタリーの仕事なのだと言い出す者すらいる。入試業務の中には、入試問題を作ること、つまり作問する仕事もある。それなのに、大学は入試科目について十分に作問できる体制を教員の配置について採用していない。

文系学部の受験では、国語は必修なのに国語を専門とする教員の数は非常に少ない。また、日本史や世界史の教員の配置も十分でなく、作問に参加する教員数が足りない。文系のある学科に見られたことだが、それに所属する教員たちはすべて専門が違うといって入試の作問に全然参加していなかった。入試問題の数は、入試の機会を受験生に対して増やしているから、国語、英語、日本史、世界史などの入試問題の作問で苦労することになる。

大学が経営方針として受験生をできるだけ多く迎えたいのだというのなら、受験科目に関係した専門領域を専攻する教員たちの数を増やし、入試問題の作成に十分に対応できるようにすべきである。入学してくる学生たちの納入金に大学の経営が寄りかかっているのなら、受験生たちのためにも大学は十分に対処しうる受験のための体制作りをすべきだと私は考えている。また、作問に関係した教員たちは、入試の監督などの業務を義務だと考えて、積極的に参加すべきなのである。学生たちが入学して来てくれて初めて教員たちは安心して研究と教育に専念できるのだということを、一人ひとりが心に銘記すべきである。

入試業務は教員の義務

大学の存立にとって受験生がたくさんあるということは、その大学の社会的な位置だけでなく、実際に経営方針にとっても重要な役割を果たす。社会的には大学の信用に関わり、多くの受験生が迎えられるということは、それだけ大学の質が高いことを意味する。また、受験料の収入が大学の経営基盤を安定なものとし、教員の研究費その他の手当てにも跳ね返ってくる。

しかし、教員たちの多くにとっては入試業務は〝余計なお荷物〟だとか、仕事の邪魔になるだけだというふうに見られるものとなってきたし、現在でもそうなっているようである。入試業務に駆り出されるのは研究への妨げとなるといった批判もある。どれだけ立派な研究をしているのかわからないが、学内サービスについて何か言うと、研究のことを言い出す教員の数は結構多い。入試業務は、教員の義務だと考えていないからである。

入試に関するある会議の席で、入試業務はボランティアとして教員たちが参加するものであって、学部ごとに入試監督その他で人数の割当てをするのは怪しからんと発言した学部長がいた。大学で、大学入試センター試験への参加が検討され、これに全学的に参加の方針が入試センター長から提案された時、この学部長は入試業務に参加する教員はボランティアとして加わっているものだと言いながら、この試験へのその学部の参加を拒否したのだった。当時、私は工学部長であったが、入試業務が大学にとって最も大事な行事だと考えていたので、大いに驚いたのを記憶している。

このようなこともあり、すでに記したように理学部全学科と工学部の一学科が、大学入試センター試験を実施することになった。当初、文系学部はすべて参加を見送った。文系学部の参加は数年後になるのだが、それぞれの学部への受験生の減少が参加へ踏み切らせた直接の動機であった。私立大学が大学入試センター試験へ参加するようになってから、その参加数も毎年増え続け、また参加することにより、この試験に基づいて合格者をある程度受け入れるようになった。また、参加により受験生の数も大学によっては大幅に増えた。いくつかの私立大学では、この入試センター試験により受験生が異常に増えたことから、社会的な評価の上がったところもあった。

大学入試センター試験は、全国一斉に同じ日に、同じ時間割で実施されるので、誤りは許されない。また、この試験の監督などの業務は教員だけで行なうことが決められている。したがって、大丈夫なんだろうかと危ぶむ向きもあるが、全国一斉で行なう事業でも、今まで大きな失敗はなかった。今後は日本中の国公私立のすべての大学が、この試験に参加するようになるのであろう。受験年齢層の人びとの数が減っていくので、大学間における受験生獲得の競争が熾烈になっていくことが予想されるからである。

入試業務は教員たちにとっては義務なのだと言ったが、すでにふれたように、今でも教員たちの中には、そうではないと考えている者がいる。このような教員たちの中で悪質なのは、入試の当日になると必ず身体に変調を来たすものが何人かいることである。最も悪質なのは、二月の入試試験期間を挟んで外国へ出かけるのを常とした教員がいたことである。入試の行なわれる日時は学年暦の中に組み込まれているのだから、外国へ出かける時期など、この日時から外したらよいと考えるのだが、そうはしないのである。教員たちの間でも誰それは毎年こうなのだといったことが語られていたが、入試業務には参加すべきだといえば、そんな義務はないのだと逆に食ってかかるというのでは呆れて物も言えない。

入試業務の負担――このままでよいか

現在では、二月から三月にかけて実施される学力試験だけで、受験生の選抜を行なっている大学は、一部の国立大学を除けばないと言ってよいであろう。この学力試験だけで入学定員を充足するのには不足ということもあって、一一月過ぎに実施を認められている各種の推薦入試を行なっているのである。こんなわけで、教員たちの中には、新学期が始まった直後から、入試の業務にたずさわる者が出てくることになる。こうなると、研究のために時間をとることが十分にできなくなってしまう。たぶん教育の面でも何らかの支障が生じるであろう。

入試業務は本来、失敗を許されないものであるから、精神面での負担も大きくなる。そのため精神的な疲労が溜まり、入試問題に誤りを生じたり、採点にとんでもない間違いを引き起こしたりすることになる。十種類にある入試業務に従事していたら、かなりに慎重に対応していても、一〇〇パーセント完全だとはなかなか言えなくなる。

こんなにたくさんの違った種類の入試を課すことなど止めてしまえばよいのだろうが、大学は経営面から入学定員はどんなことがあっても確保したいので、いろんな手段を入試に用いてでも、ということになるのである。学力試験の場合でも、科目数を少なくしている場合が多いが、これも受験生を確保したいがためである。

理工系への受験だからといって、国語を入試科目から外している大学の数はかなり多い。また、工学部なのに物理学で受験しなくてもよいところも多くある。医学部の受験に、生物学を必須としていない大学もある。文系学部の場合は、数学を受験科目として取り上げている大学はほとんどないと言ってよい。こんなやり方である上に、たいては受験科目も三教科程度と数を少なくしているのだから、幸い入試にパスして大学に入ってきても、基本的な理解が行き届いていない学生が多くなるのも致し方ないということになる。

学生の学力や理解力が低下したと言われるのは、ちゃんと理由があるというわけである。大学自体が、学生の知的水準の劣化の原因となっているのである。三教科選択ならまだ救いがあると言えようが、中には一科目受験を採用している学部すらある。得意科目を一つ受験すればよいのだということになれば、受験生を多く確保することはできるだろうが、採点の結果から合否を決める時に、大きな問題が生じるのは避けられない。一科目受験を実施した学部があったが、受験科目によって得点に大きな差が生じ、合否の決定に対し高校側から結局は強く批判されることになった例がある。

こんなこともあった。自分の得意なクラブ活動その他何でも自分から進んでいわば自分を売り込む受験、つまり自己推薦による受験に課した一科目受験の問題に減点表を添付して出題したある学部の入試があった。解答の内容について、誤答それぞれに何点減点と記した減点表が付いていたから、受験生たちはだいたい自分がどの程度の得点かが受験終了後見当がついた。この試験が終了してから何時間か経ったあと、高校の進路指導の何人かの先生方から電話での問い合わせがあった。受験生が自分で採点してみて不合格だというふうに、これらの先生方に告げたというのである。

この時、この入試問題を作った教員たちの残したメモによると、このような減点表を付したことは画期的な試みだというふうに自画自賛していた。この入試問題は、大学のカリキュラムに関わったものだが、大部分の受験生にはまともに答えられるものではなく、減点表通りに採点したら受験生全員が不合格ということになったはずである。だからこそ、高校の先生方からの激しい批判が寄せられたのである。

先に入試業務があまりに多様化したがために入試問題の中に誤りが生じるのが避けられないのだというふうに言ったが、今見たようにとんでもない問題を自分たちで作ってしまう場合もあるのである。

試験時間を間違えて時間を早く切り上げてしまい、受験生から指摘されたが答案を集め始めてしまっていたので、時間の延長はできず謝ったこともあった。また、答案枚数の確認がされていなかったために、枚数不足ではないかということになり、大慌てをしたが、一人受験を放棄してしまっていたことが、帰宅していた当の受験生に電話してわかったという〝事件〟もあった。こうした誤りは、許されることではないので、入試の監督に当たった教員たちの行為が、大学の信用にまで影響を及ぼすことになる。

こうした誤りは、入試業務の負担が教員にとって重過ぎるから生じるのだという批判は当然あるであろう。しかし、先に述べたいくつかの例は教員たち自身の注意で避けることができるものである。現在の入試業務で問題なのは、英語のように文系、理系の全学部の入試に課される科目では十数種類にわたって入試問題を作らねばならないということである。教員の数には限りがあるから、一人で何種類も問題を作るということになると、完全を期することは極めてむずかしくなる。入試問題は後に公表されるので、予備校などにより詳細に検討されて、悪問・難問などの指摘がなされたりするようなことが起こる。実際に『悪問だらけの大学入試』(2)と題した書物すら出版されており、その中で悪問の例が取り上げられているのである。

大学の入試のやり方が多様化して、教員の負担を大きくしているのが現状だが、受験生の基礎学力と理解力とをみるためには、母国語である日本語の論理的な運用能力についての試験の中心に、文系・理系を問わず将来必要と考えられるいくつかの科目について試験を課すべきであろう。昔のことを言うと笑われようが、私が受験した頃は国語(漢文を含む)、英語、数学(二教科)、理科(二教科)、社会（二教科）が、どこの大学でも受験科目となっていた。文系・理系を問わず、これだけの学科目について入試を受験生は課されたのである。

入試のやり方の抜本的な改革が、一大学だけでできるものではないことは、入試のやり方があまりに多様化し、それがそれぞれの大学で独自に実施されていることを見れば明らかであろう。文部科学省が先頭に立って、各大学に強制して入試科目を一律に設定させることと、多様化した入試方式を一つのものに改めることをしない限り、大学は入試のやり方に振りまわされるという事態は収まらないであろう。これは残念だが、大学側に自らを正すだけの力はない。

大学の生き残りを賭けて

大学に対する信用は、学生たちがどのような教育を、どんな教員たちから受けるのか、そして卒業後にはどのような未来が開ける可能性を教育が与えてくれるかといった事柄を中心に測られる。そこで、どの大学でも近頃作られるようになった大学紹介や大学案内についてのパンフレットには、今見たような事柄が詳しく紹介されている。受験生の多くは、これらのパンフレットを見るとともに、自分の学力を考慮して受験する大学を決めるのであろう。これらのパンフレットの中には、誇大広告ではないかといった批判の聞かれるものもあるから、作る場合にはその点、十分に考慮すべきであろう。教員紹介についても公正であるべきであろう。

大学に対する信用を測るものとして重要なのは、どの程度の学力があれば希望する学部や学科へ入学できるかという点である。入試合格者の発表に当たっては、どれくらいの比率で合格者が入学手続きをしてくれるかを推測しなければならない。大学によってこの比率は大きく異なり、入学辞退者の少ない知名度の高い大学ではこんな心配をしなくてよいから、羨ましいことである。

今述べた比率がたとえば三十パーセント程度だとすると、発表される合格者数は入学定員数の少なくとも三倍ほどということになる。三倍では入学定員を確保することもむずかしいかもしれない。こうしたあまり明確にならない変動に配慮して最終的な合格者数を決め、発表することになる。

こんな次第で、受験生の数が入学定員のそれの三倍ほどだった時には、今見た例だと定員割れが入学者数について起こる可能性が、非常に大きい。こういう事態に立ち至った大学が、前にふれたFランクの大学ということになる。

現在では、夜間部（第Ⅱ部という言い方もある）を受験する人の数が極端に少なくなり、入学定員を確保するのが困難となっている。文系の学科でこんなことがあった。受験生の総数がかろうじて入学定員数を超えた。入学試験の成績もよくなく、入学後の勉学に支障を来たすであろうから、入学定員数より少ないところで合格最低点を設定しようというところに落ち着いた。ところが、別の意見があり、受験するということは勉学の意欲があることの証であろうから、入学後の勉学に期待し、入学定員数は確保して受け入れることにし、合格者数を決めた。

ところが、一学期が終わる時になって明らかになったのだが、学業成績の極端に悪い者が多く、これでは講義にはついていけないし、卒業はまずできないだろうということになってしまった。学業成績の振るわない学生たちの多くが、どのような動機で受験したのかわからないが、大学における学業について全く誤った見通しを立てていたのだとしたら、本人のためにも大学で学ぶことは決してよいことではない。これとよく似た事態は多くの大学で生じていると考えられるのだが、どんなふうに対応しているのか尋ねてみたいものである。

一時期、大学の国際化ということが強調されて、海外からの留学生を迎えようという動きがあった。日本語の検定試験の成績が、大学での学業についていけるだけの学力を保証するものだったら、よいではないかという条件はついていたが、実際には日本語の能力において不十分のままで入学してきた留学生もあった。それは学生の努力で解決されることだが、ただ単に学生という身分だけが欲しいという者には、初めから学習意欲など期待できない。実際、私の経験では我が国に密航者を送り込むためのグループに所属していた学生を退学処分にしたことがある。この学生は、単位をほとんど取っていなかったし、大学への納入金がずっと未納のままになっていた。だが、この学生の所業がわかったのは、警察からの身元紹介があったことからであった。真面目に勉強している留学生たちにとってはいい迷惑であろうが、身分だけが必要というこういう〝学生〟もいるのである。

物理学の基礎についての講義を担当していた時のことだが、二人の中国人留学生が私のクラスにいた。この二人は所定の年限で卒業していったが、一人は東北大学大学院へ、もう一人は横浜国大大学院へ進学していった。二人ともよく勉強し、成績もたいへんによかった。

大学が生き残っていくためには、たくさんの受験生を迎えることと、入学定員数を充たすだけの合格者を出せることである。入学手続きの比率を三〇から四〇パーセントに見積って合格者数を決めるなどということは本来すべきことではないのだが、入学定員数を確保するためには取らざるをえない手段なのである。このような見積りが、当たらなくて、入学定員の五〇パーセント近く多く入学手続き者がいたとなると、理工系の学部では入学後がたいへんである。実験室から始まって、勉強に必要なもので大学備付となっていたものについてはすべて揃えなければならない。逆に少なかった時には、補欠合格者を決めて発表しなければならない。

こんなたいへんなことを年度末になってもしなければならないような大学に陥らないためにも、社会から大学が高く評価されるものとなっていなければならないのだ、とつくづく感じる。何年か後には、大学全入時代が来ると言われていることについてはすでにふれたが、その時にFランクの大学になっていないためにも、入学手続き率が何パーセントだなどと算段しなくてもよい大学になっていたいものである。私が勤務している大学では、ここ数年間にわたる受験生数の推移を見ていると、教員の一人として、まあひと安心といったところであろうか。

第6章　無責任な体制——ことばには責任が

近頃良く聞く言い方に、〝社会に開かれた大学〟というものがある。高校卒業年次の若者を受験年齢層と考える大学の運営体制を脱却し、大学院を充実し、また社会人を受け入れて再教育を施すことを主な目的としている。大学院の充実に当たっては、各専攻の定員を二倍以上に増やす一方、新しい専攻を設定し、社会人の多様な目的に十分に対応できるようにしようというわけである。これも大学の生き残りを賭けた試みの一つである。

こうなると、教員たちの負担が増えることになるが、それよりも大切なことは教員たちが大学院生や社会人の研究と教育に十分に対応できるだけの研究者としての実績をもっているかということである。俄か作りの勉強では対応しきれないことが、教員たちにとって明白だからである。社会人の中には、分野によっては教授たちよりもはるかに学殖豊かという人もいると予想される。このような場合にも、よき指導者であり同僚としていられるためには、教員たちも絶えず努力を重ね、学問の進歩についていけなければならない。これは辛く苦しい道だが、大学が生き残っていくためにはこのような選択も止むをえないことなのである。

つい最近までは、教授となるためには専攻するある学問分野について相当の長期にわたって、文献学的な勉強とそれに基づいた研究とが必要とされた。だが、現在では社会人として実業界・産業界にいた人たちが、大学の教員として迎えられる例が相当に増えている。大学における教育に実務面での経験が、重要になってきたからである。社会の変動が速く推移する時代には、社会にあって実際にいろいろな経験をしてきている人たちの方が、学生たちに現場の雰囲気を伝えるのには、ずっとよく適している面がある。

理工系の面に限っても、基礎研究とその技術的応用との間の距離がせばまり、大学と企業との間の壁などない分野もある。現在、多くの大学で推進されようとしている産学協同事業などは、このような背景があって初めて可能となっているのである。大学の教員だからといって、社会から隔離されたような孤高の存在ではいられない時代となってしまったのが現代である。ここにも、大学が社会に開かれた存在でなければならない理由の一つがある。

かつて大学は社会から隔絶した存在であったと言ってよい時代があった。「象牙の塔」と言われていたように大学関係者以外には、大学の中でどんなことがなされているのかわからなかった。また、それを良しとしている雰囲気が、社会の中に漂っていた。だが、現在は文部科学省が積極的に産官学協同事業の推進を図っている。大学から社会に発信できる発明や技術開発を進め、起業家となることすら後援しようとしている。一〇年前には、こんなことはまず考えられなかった。そうして、今では文系学部でも産学協同事業として実現できるものを見出すよう奨励されている。

こんな時代であるから、教員たちが社会的な問題に無関心でいることは許されない。また、講義についても、自分で設定した勝手な内容で行なうことは許されない時代である。しかしながら、すでにふれたことだが、教員たちの意識を変えるのはたいへんにむずかしい。一つには、〝お山の大将〟のような存在に、教員たちがなっているからである。競争もなく、自分の殻に閉じこもって自分勝手にやって良いということになったら意識を変えようという方が、無理なのである。こうなると、そこに身勝手な無責任さが忍び込んでくるのは、避けられないこととなってしまう。

講義は自分の言いたい放題でよいか

アメリカでの経験だが、複数の教員が同じ表題をもつ教科目について講義を受けもつ場合には、これら教員が教科内容についてどのような項目をどの程度詳しく講義すべきかなどについて相談し、その上で進行の度合も同じになるように、それぞれのクラスで講義する。したがって、不揃いになるということはない。たとえば、「物理学Ⅰ」という教科目については、どの教員が開講する講義をとっても、相違が学生たちに生じないようになっている。「心理学」「政治学」「哲学」など文系の講義科目についても、担当する教員によって、内容や進み方に違いが出てくるということはない。

「こんなやり方では、個性的な内容の講義などできないではないか」とか、「個々の教員が特に強調したいと考えるところなど違うのに、それが言えないのなら講義はつまらないものとなる」とかいう批判が、我が国の場合にはたぶん出てくることであろう。講義は、教員一人ひとりが自分で工夫して行なうものだから、内容を互いに共通なものとしようなどというのは、教員の人格に対する冒瀆だという意見も出されることであろう。教員たちがもつ教育権の侵害だと非難する者もいることであろう。

我が国では、ここのところに大きな誤解がある。講義は、自分でやりたいようにやってよいものではない。学生たちは講義に対しては、いわば白紙の状態で臨んでいるのである。だから、彼らが将来自分たちで物事について考えて行動しなければならなくなった時に有用な役割を果たせるように働く基本的な学理について講義をしなければならない。講義は自分のしたいこと、言いたいことを主張するものであってはならない。学生たちが卒業後の人生の中で、いろいろと自分で判断や決断をせねばならない事態に直面した時に、有用な役割を果たせるような内容の講義を教員たちは目指すべきなのである。自分の言いたい放題だ、などということは絶対に許されないし、元来、教育権などというものはない。教員は学生たちからその身分を保証された存在なのである。こうした自覚が教員には必要なのだが、このことを理解している者はあまりいない。

自分の主張したいこと、言いたいことを講義の中に含めてやろうとすると、自分勝手な物言いとなることを免れない。そうして、挙句の果てに同僚の教員たちに聞かせられないようなことを、学生たちに向かって話す者が出てくることになる。

自分勝手な物言いになっていく危険性を大いにはらんでいる教科目には、たとえば歴史に関わった科目や、最近よく聞かれるジェンダーや人権に関わったものなどがある。歴史上の事実に対する評価や、記憶、あるいは歴史認識に関する問題では、これらに関わった講義を担当する教員は、自分の思想的立場やイデオロギーについて述べたりしては絶対にいけない。学生たちは、こうした思想的立場やイデオロギーについて客観的に突き放してみることがまだできないのだから、講義の中でこのような事柄にふれてはならないのである。

ジェンダーや人権に関わった問題についても、講義の中で教員たちは自分の主張したいことについて意見を述べたり、学生たちを説得しようと試みたりしてはならない。本来なら、こうした問題について講義をしようと試みたり、そのための教科目を設定したりすることは許されることではないのである。自分が講義したいからといって教科目を設けるなどという主張をしたり、実際に設定したりしてはならないのだ。

歴史教育については、昨年（二〇〇一年）は中学校用の日本史教科書をめぐって、中国や韓国まで引き込んで歴史認識に関する論争があった。扶桑社版の教科書の採択をめぐって、ひどいとしか言いようのない妨害事件まであった。この教科書を読んでいないのに誹謗する言辞を弄した外務大臣さえいた。[1]歴史認識については、人それぞれで違っていて万人共通のものなどありえないのに、国家がそれをもち出すのだから政治的な圧力としか言いようがない。[2]

この扶桑社版の教科書には、我が国に開国を迫ったペリー提督が、当時の幕府に白旗二旒を渡したことについての記述がある。このことに関連して宮地正人（当時、東大教授）が、このような事実は絶対ないと主張している。[3]文面からは「私がないというのだから、ないのだ」と威丈高になっているように感じられ、こんな人でも東大教授でいられるのだと呆れた。ペリーの『日本遠征記』[4]には、白旗のことは出ていないが、徳川斉昭[5]や佐久間象山[6]が、白旗を差し出されたことに言及しているのを見れば、「ないと言っているのだから、ないのだ」というふうに取れるような物言いはすべきではない。白旗二旒については、実は東大出版会から出ている『大日本古文書　幕末外国関係文書之一』[7]に載っている。それを、東大の教授が否定しているのだから、歴史上の事実というものが、どんな性質のものかわかろうというものである。

歴史に対する態度についても、あまりに身勝手と言いたくなるものがある。だから、歴史は物語だ、いや文学なのだと言う主張さえなされるようなことになる。[8]歴史が科学でないことは、先程述べた宮地正人の主張からだけでも明らかだが、歴史上の事実についてはそれについて語る(書く)人の評価が常に入ってくるので、万人共通の理解などありえない。したがって、共通の歴史認識もありえない。こんな次第だから、歴史に関わった教科目では、講義の中で自分の言いたい放題を語る危険性が出てくることになる。

また、この頃よく聞く言い方に、〝歴史の記憶〟という表現がある。記憶に関する最近の研究結果は、記憶は過去の経験を再構成して得られるものだから、実際にあった経験とは異なるし、時間が経てばそれだけ不確かな要素が入ってきてしまうという。(9) したがって、記憶に立って歴史を語ることぐらい真実から外れた危ないことはない。それに感情が入ったとなると、初めから客観性などないのに、記憶を語るのだと言われると、真実に立つものだと多くの人が考えてしまうのは、どういうわけだろうか。歴史家自身が、自分の経験について現代史を語ることなど絶対に許されることではないのに、又聞きの〝事実〟まで含めて歴史的事実を捏造する者さえいる。(10)

歴史の研究が科学の領域に属さないことはすでに明らかにされているし、(11) 歴史を物語、あるいは文学だと断じる人さえ出ている事実を、私たちは忘れてはならない。歴史を語ることに客観性など望みえないのだと、これらの人たちは語っているのである。

教科目を設定する際に、「○○論」という表題のものは、できるだけ取り上げないようにすべきだと、私は考えている。理由は、こうした科目を担当する教員が、自分の言いたいこと、主張したいことを講義の中で語っていいのだと誤解する危険性があるからである。前にジェンダーに関わることについてふれたが、エンゲルスやベーベル[12][13]の著作を見ると、人間の作る社会内では女性が差別されており、女性たちが解放されるためには、家族という存在がなくならなければならぬ、と主張されている。ロシア革命の結果、女性の家族からの解放が試みられたが、結局、家族の崩壊がもたらした社会問題をなくすために、スターリンが家族の紐帯について改めて強調し、社会不安を鎮めようと試みたことはよく知られている。[14]我が国で、男女共同参画を推進し、女性の家族内における桎梏からの解放を進めようと主張する人びとがいる。これらの人たちは、ヒト科ヒトに分類される人間が、どのような進化の過程を辿ってきたのか、性選択がどんな役割を人間の男女間で果たしてきたのか、勉強してみたことがあるのだろうか。ウィルソンたちが提唱した社会生物学[15](Sociobiology)は評判は悪いが、人間の生来の本質をずいぶんと明確にしてくれたと考えるのは、私だけであろうか。グールド夫妻が『性選択』[16]の中で、結婚相手に求める特性(characteristics)の相違について述べているが、これらも女性抑圧の歴史が生み出したのだとでも、女性解放論者は主張するのだろうか。

先に、講義において自分の言いたい放題は許されないと言ったが、マックス・ウェーバー[17]は、学生たちは学習の道程にあるので、直面した事態について自分で判断したり、正しく読んだりできるだけの経験を積んでいないのだから、教員は自分の主義主張やイデオロギー、あるいは政治的立場などについて語ってはならぬと言っている。これは、現在にも当てはまる大切な発言である。

教員たちには、自分が専門とする分野に関することについて、学生たちに語りたいという衝動がたぶんあるであろう。そうであるがためか、教育カリキュラムの中に、専門科目の講義が多くなる傾向がある。それぞれの教員が自分の専門に関わった教科目を開講するからであろう。私が工学部長の職務にあった時、文部省視学官の工学部視察があった。視察のあと、視学官の一人から専門科目の開講数が多すぎること、基礎科目をもっと重視し充実することの二つが指摘された。

教育プログラムまたは教育カリキュラムは、どの学部でも何年かごとに見直されているが、学生たちが社会へ巣立った後の人生にとって、基本的に有用な学理に関わる教科目のみを配置するということはたいへんにむずかしい。我が国では、教員たちの大部分が自分の専門分野に関わる教科目を、在任中ずっと担当するシステムとなっているからである。これでは、教員自身の研究分野も広がることがなく、狭い専門領域に閉じこもるタコツボ型の人間のみになってしまう。現実にすでにそうなっている。教育は学生のためになされるのであって、教員たちがしたいことをするためにあるのではないのだ。

ことばと責任——教室であじってはならぬ

前節で述べたことだが、教員たちは自分の主義主張やイデオロギー、あるいは政治的立場などについて講義の中で語ってはならない。また、思想や信条についても話してはならない。大学は、学生たちに向かって教員があじる場ではないからである。言いたい放題を語っていいのだとなると、あじる場となるのは避けられない。だからこそ、先にあげたような事柄には、絶対にふれるなとなるのである。

これは、私が京都大学一回生（一年生のことをこう言う）の時、「経済学」の講義を受けた時の思い出である。担当の教授は、経済学部の清水達二であった。今はどうか知らぬが、当時の京都大学経済学部は大阪市立大学のそれと並んで、マルクス経済学の殿堂と言われていた。これについては、ずっと後になって知ったのだが、この教授の講義は私たち学生に向かって、自身の思想・信条を述べながら社会主義革命への道を説いたものであった。やがて資本主義は崩壊するのだと強調された。教科書は、大内兵衛の『経済学』（岩波全書）であった。勧められて読んだ本の中には、宮川実『資本主義の一般的危機』、エンゲルス『家族・私有財産・国家の起源』、マルクス・エンゲルス『共産党宣言』、レーニン『国家と革命』、同『帝国主義』などがあった。

埼玉県の田舎から行った私には驚きの連続であった。当時読んだ羽仁五郎の『日本人民の歴史』や『明治維新』や、毎日新聞社から刊行された『世界の歴史』（全六巻、それに別冊）は、私を完全に〝洗脳〟してしまった。これらの本も清水教授の講義に出ていなかったら、たぶん読まなかった。また、理学部学生の必読書として、武谷三男『弁証法の諸問題』、『続弁証法の諸問題』の二つがあった。大学を卒業する頃には、これらの書物による呪縛からは解き放たれていたが、私は自分の経験から、教員は自分の思想・信条や政治的立場などについて教壇から学生たちに語りかけてはいけないというのである。

講義にあっては、その内容については十分に理解していなければならない。こんなことは当然だと言われそうだが、教員とて万能ではない。すでに一〇年あまり前のこととなるが、ある文系学部の学生で一度だけ私が担当したことのある「現代科学論」をとった者がいた。この学生は、講義のあと必ず質問に来た。時には、私の部屋まで訪ねてくることもあった。彼は、自分が納得するまで引き下がらず、時には閉口したが、私自身も現代科学の方法や理解の仕方など、多くのことを学ばせてもらった。結局、嫌がるのを説得して、彼がとった講義のノートをすべてコピーしてもらうことになった。[18]教育の現場では、こんなことも起こるのである。

ごく最近になって、立花隆の科学に対する無理解について指摘する本がいくつか出版された。立花隆は熱力学の第二法則に強い関心があるらしく、ある記事の中でこの法則について無知な人が文系にはあまりに多いことを指摘していた。[19]イギリスの大天文学者エディントンによると、物理学におけるいろいろな法則の中でこの法則は、最も深遠なものだということだが、この法則について知らないからといって揶揄する気には、私にはなれない。どうやら、立花隆自身、この法則の意味するところがわかっていないらしいからである。[20]立花隆はたぶん、熱力学という学問について本格的に勉強したことはないのであろう。

学問を本格的にやることはたいへんに厳しく、中途半端な勉強ではわからないことが多いし、誤解している場合もかなりある。私自身、こうした誤りを犯してきているので、他人の無理解や誤解を非難するのは差し控えたいが、熱力学や相対論について立花隆が基本的なことが理解できていないのだから、知の巨人どころか、知の虚人と言われても致し方ないであろう。

専門外の領域については勉強が行き届いていないので、すでに忘れられた古いアイデアや理論に基づいて語ったり、間違った解釈をしたりしてしまう場合もある。たとえば、スティーブン・ホーキングが『時間小史』(*A Brief History of Time*, 邦訳は『ホーキング、宇宙を語る』)の中で、太陽系の起源についてふれているところは、すでに破棄されてしまっている理論に基づいている。自分の専門から遠く離れているので、勉強が行き届かなかったのであろう。最近読んだフランク・クローズの『ルシファーの遺産』(*Lucifer's Legacy*, 未邦訳)では、太陽風のプラズマと太陽宇宙線と呼ばれる太陽からの高エネルギー粒子が混同されていて、オーロラの説明に誤りがある。

このようなことの例を挙げれば，いくつもまだ出てくるから、この二つで止めるが、立花隆の誤りは、こうした例の場合とは本質的に違っている。科学に対する評論をしようというのなら、イギリスのナイジェール・コールダーやアメリカのウォルター・サリバンのように、原論文にすべて当たって、それらを理解した上でなすべきだと私は考える。原論文に当たるのは困難だとしても、専門的な総論文や解説なども立花隆は読んでいないと想像される。

学問研究において専門分野で何がしかの研究成果を上げ、その分野の進歩に少しでも貢献するということは、そうそう簡単にできることではない。私自身は他人にすぐれているというほどのことのない人間だが、研究論文にまでいきつけるような研究が、どれほど辛くたいへんな仕事なのかについてはわかっているつもりである。

大学における講義の中で、学生たちに向かって自分の主義主張やイデオロギー、また政治的立場などについて語ってはならないと前に言ったが、間違っていたり誤解したりしていることも語ることのないように努めなければならない。教員は万能というわけではないのだから、間違ったりすることは当然ある。学生たちから、誤りを指摘されることもあろう。大事なことは真摯に振る舞うことである。また、ことばに責任が伴っていることを理解し、ことばを選んで語ることである。

この頃では、各方面で「言った」「言わない」と争うことが多すぎる。教員一人ひとりは、学生たちに対し責任ある存在なのだということを自覚して、講義に臨まなくてはならない。そのためには、講義する内容に対しては正確な理解と研究に基づいた勉強に向かう態度をもつことが必要である。いいかげんな講義や無責任な発言は、学生たちにすぐわかるものである。

〝誤ったこと〟をしないという幻想

学生たちに向かって私が学長として一番言いたかったことは、人生にはいろんな障害があり、また失敗がありで、万事うまくいくことなどないのだということである。新入学生に配布するために、大学で毎年作っている小冊子『学問への誘い――大学で何を学ぶか――（一九九八年度版）』に、私は「未来があることの幸せ」と題した小文を寄せたことがあるが、その中でこの宇宙史の中で、自分と同じ（identical）人間がほかにいたことがないことにふれた。次いで、「私たちは自分の存在を許容するこの宇宙を選べなかったし、地球という小さな天体上の存在だということを前もって知っていたわけではない。誰も親を選べはしないのだ。私たち一人ひとりの歩みについてもそうで、人は誰でもこうした予期しえない偶然にいろいろな場で遭遇し、それらに対して身を処しながら人生を刻み込んでいく。その際、こうした偶然に対処するには、私たち自身による決断なしには事態は進展しないので、各人は自分の判断に基づいて、その人生を決めていく……」と記した。

さらに続けて、自分の判断なのだからその結果について「すべて完全で全然誤りがなかったなどという人はいない」のだと断定している。ところが「世の中には、自分は一切誤ったことはしていないし、正しい人生を歩んできたという人がいて、その数は侮れないほどに多い。しかし、後悔や反省をするような事態に何度も遭遇し、そこから自分の歩みをどうすべきかについて学び、その中で人生を刻んでいけるのだから、誤りなど犯したことがないという人の発言をたいへん残念だが、私は信じることができない」と結んでいる。

一日の生活を振り返ってみても、完全に予定通りに進んだなどということはありえないし、第一そんな綿密な予定など誰にも立てられはしない。予期しなかったいろいろな偶然の連続の中で、だいたいの予定をこなし、偶然に起こった事柄については、その場その場で判断し、人生を築き上げていくのである。先ほど、人生において誤りなどしたことがないという人の数が侮れないほど多いと記したが、このような人はたぶん人生に対し真剣に向き合ったことがないのであろう。これでも人生が送れるのだから、人の生き様にはたいへんな冗長度が用意されているのだと言ってよい。

だからこそ、人は誰でも未来に希望や夢を託して生きられるのだ。すべてがもし決まっていたとしたら、息苦しくて生きていけないのではないか。決まっているということは、一生の終わりがいつかもわかっているということだし、すべてが既定通りなので、ただ呼吸しているだけだということになるのかもしれない。いや、その呼吸さえ決められているのだから、これでは機械ではないか。誤りや失敗のない人生がどんなにつまらないものかわかろうというものである。

人生において、〝誤ったこと〟などしていないし、して来なかったと誇る人を信用できないのは、自分の送ってきた人生をまともに見ようとしないだけでなく、嘘をついているからなのである。誠実に生きようとすればするほど、悩み苦しむことになると、どこかでゲーテが書いていたのを読んだ記憶があるが、本当にそうだと思う。

教員は、学生たちにとっては人生の上での先行者である。学生たちは学びながらその道程で教員たちの姿を見ながら生き方などについて学んでいく。教員に聖人君子となれと言ってもなれるはずはないのだから、研究や教育において誠実にやっている姿を学生たちに身をもって示すことだ。また、誤りや失敗を繰り返してきた自分の生き様を、そのまま学生たちに見せることだ。自分にも若き日があり、いろいろと悩みや苦しみも味わったことを学生たちに包み隠さずに見せることである。そうした姿が、どれほど強い力を学生たちに与えるか計り知れないものがある。このことを教員一人ひとりは忘れてはならない。教員だからといって、人格的にすぐれているとは限らないのだ。教員となる動機を想い返してみれば、それが他人に誇れるほどのものでないことがわかるであろう。

論理的思考ができぬ

我が国は不思議な国で、自分の意見をもたなくても生きていける国である。今、意見と言ったが、これは自分の好悪判断とか好き嫌い、あるいは損か得かといった感情に支配されるものではなく、現実的に状況を分析して理解し、それに基づいて得られた自分なりの処方というか処し方を、ことばや文の形に表したもののことである。現実的にと言ったのは私たちは思考があいまいになりがちで、しばしば感情に流されてしまう傾向をもつからである。

現実的に物事を考えることを、もしかしたら私たちは心の中に嫌う傾向があるのかもしれない。今ふれたように、感情に流されると思考が感覚に左右されるようになるので、以前に私たち日本人の思考のパターンを私は「感覚的思考」と名づけたことがある。[21] 物理学者の一人である私が、このようなことを言うのは専門外のことへ口を出すと言われそうだが、国際学会や国際会議で日本人学者の研究発表や講演が理解されないのは、話す事柄について厳密に、また正確に表現する工夫がなされていないことが多いからである。自分でわかっているからといって、他人が同じ発想と理解を示すことなど、まずないのだと考えて話すべき事柄について工夫すべきなのである。そうすれば、話す内容が現実的なものとなり、具体的に組み立てられたものとなる。したがって、論理的になる。

それなのに、こうした現実的な物言いを嫌う傾向があり、また、慣れていないので、話し方が具体から抽象へと流れて何が言いたいのかわからなくなっていく。初めに、自分の意見がなくても生きていけるという言い方をしたが、意見を述べなくてはならなくなった時によく見かけるのはこんな光景である。「誰それが、こう言っている」とか「何とかいう論文には、こんなふうに出ている」とか言って、当人が実際に何を考えているのかわからない表現である。このような言い方では、自分が責任を取らなくてよいことになる。当人の意見ではないのに、こうした見解をいろいろなところで聞かされることになる。だから、日本人は論争が下手だなどということになるのであろう。

自分の意見を語るということは、自分の好き嫌いといった感情に基づいて発言することが許されるということではない。このような発言では、討論会のような場を設けても、発言者は互いに言いたい放題を自分の感情に任せて言うだけであるから、合意に達するような議論などできない。民主主義の世の中なのだからといって、言論の自由を盾に自分の言いたいことを感情に任せて言う。そうして、自分の言いたいことを通そうとする。言論の自由とは言いたいことを言ってよいということではない。教員が講義の中で、自分の言いたい放題を学生たちに向かって語ることが許されないのも、講義が学生たちに学問の何たるかを理解させ、その学問の拠って立つ学理がどんなものかを明らかにするためになされるものだからである。こんなわけで、講義とは教員にとってたいへんな重荷のはずなのである。物事について、その論理的な構造を見極め、さらに組織的に組み直し、それらを論理的につなげて学生たちに語ることが求められるので、講義は楽なものでは決してない。大野晋[22]がこのような作業が、日本人は不得手だと語っているが、これができなければ国際会議などにおける議論に対し、十分に対処することなど、まず不可能なのである。

残念なことに、我が国では論理的に物事を考え、分析した結果から、それらを組み合せて、いかに体系化して表現するかといった訓練がほとんどなされない。実際、初等・中等教育の段階から高等教育の段階に至るまで、論理的な思考に対する訓練や演習が全然なされていない。大学に教職を得た教員たちもこうした訓練や演習についての経験がないから、論理的思考がどんなものなのかについても、ほとんど考えてみたことがないであろう。これでは国際化だ、異文化の理解だと言っても、それらを進めることはほとんど不可能だと言ってよい。

我が国の大学生の数学に対する理解力が著しく低下していると指摘されて久しいが、その理由の一つは、彼らの論理的な思考力がたいへんに貧しいことである。数学における応用問題、言い換えれば、文章題についての理解力が乏しいことは、この思考力に欠けるところがあることを端的に表している。論理的分析ができないから、数式を導くことができないのである[23]。

数学ができないからといって人生が豊かに送れない、と言っているのではない。数学に対する理解力は、論理的に物事を考える能力を養ってくれるがために、私たちは学ぶのである。この理解力が人生におけるいろいろな場で生かされるのだが、それと高校などで学ぶ計算力とは何の関係もないことを、私たちは忘れてはならない。

どこかの大学のある教授が、自分は数学など全然できなかったが、こうしてちゃんと立派にやっているから数学など不要な学問だという意味のことを言っていると聞いた。また、ある政治家が同様のことを言っているとの新聞記事も読んだ記憶がある。出典を忘れてしまったのだが、このような発言と数学的な物事の理解力とは別物であることを、私たちは心すべきであろう。

第7章　学生を育てる——理解とはどういうことか

大学が学生たちに課すものは、教育プログラムかカリキュラムを見ればわかるように、専攻に関わった多数の教科目である。これらの教科目は、講義か演習（ゼミナールも含めて）からなる。講義はそれぞれの教科目について、それを担当する教員によってなされる。我が国では、講義について何らかの訓練や練習が、教員たちの間でなされることがないので、教員は各々が自分の流儀で行なうことになる。たぶん教員の大部分は、自分が学生だった時の経験から、自分の講義スタイル、言い換えれば、講義の流儀を見よう見まねで、身につけるのであろう。

私には高校教員の経験があるので、大学で講義するようになった時には、それがずいぶんと役に立った。講義の内容が変わったからといって講義の流儀が変わるわけではない。学生たちが理解できるように講義内容について材料を選び、それらについて論理の整合性に注意しながら、ことばに乗せていくだけである。もちろん講義する内容については、自分が取り上げるのだから、感情が相当に移入されていると言ってよい。だからといって、自分一人で楽しむものではない。聴いてくれる学生たちがいて初めて講義が成立するのだから、学生たちにとってつまらなかったり、わかりにくかったりすることにならないように努めなければならないのは当然である。熱意は当然伝わるので、学生たちにこちらの懸命な姿が見えなければならない。

学生たちの理解力が、最近落ちているといろいろなところで指摘されているが、すでに指摘したように、このような事態を招いた責任の一部は大学側にもある。入学してくる学生数を確保したいがために、入試に必要な受験科目を減らしたり、推薦入学制度を設けたりといろいろな受験制度を案出してきたのは大学側なのである。大学が入試制度を多様化したことから、それに対応するよう高校の教育内容が変更され、結果として高校課程における学習に欠陥が生じてしまった。

理工系学部の受験から、多くの大学で国語の入試がなくなり、一番大切な日本語の運用能力が試験されることがなくなってしまっている。現在の国語入試の傾向からみれば、日本語が入試に課されないのは問題である。国語の入試のあり方が変わることを前提としてのことだが、日本語の運用能力の貧しさが、日本人の多くに見受けられるのは、母国語である日本語を私たちが大事なものと考えていないことにも関わっている。

物事について考えたり、考えた結果を表現したりするのに、私たちは日本語を用いる。思考は言語を用いてなされるから、日本語の運用能力が不十分ならば思考が貧しくなるし、その結果として、ことばによる説明や文章表現が貧しくなる。したがって、学生たちの学習能力や理解力を高めようと試みるなら、日本語の運用能力をまず養わなくてはならない。だが、このような試みを実施している大学があるとは聞いたことがない。日本語の運用能力に乏しい教員もたくさんいることだから、講義の中で学生たちにこの能力を高めるよう努める工夫をせよと言ってもできないかもしれない。現在、大学で必要とされているのは、日本語の運用能力を開発する教育である。これがまず第一になされる必要がある。

外国語の教育は、日本語の運用能力が開発されて以後のことである。母国語が十分に使いこなせない人間に、外国語を学ばせても身にはつかないからである。言語の基本構造は、いろいろな国のことばに共通だから、母国語の運用能力の開発がまずなされなければならない。後に述べるように、日本語の運用能力が欠如していたら思考力が育たず、結果として外国語による意見などの表現にも支障をきたすことになってしまう。

日本語は小さい時から使っており、その運用には全然困らないという人もあるが、言語には二つの側面があることを理解していないがために生じる誤解である。一つは反射的（reflexive）なものであり、もう一つは、論理的な運用に関わるもの（voluntary）なもので、後者が運用能力に関わっているのである。反射的なものだけでは、意見などとても述べられない。(1)

学生たちの思考力はどう変わったか

私たちの間には、こんな偏見がある。文字が読めれば、書いてあることがわかるはずだというものである。工学部長の職務に就いていた頃のことである。大学の事務局長が珍しいことに、私の居室に立ち寄ったことがあった。この時彼は、近頃の学生は本もまともに読めないとある教員が〝こぼしていた〟と私に告げたあと、「字が読めたらわかるはずなんだが、それほど字も読めなくなってしまったのか」と言った。そこで、悪いなと私は考えたのだが、数式など一切含んでいない物理学のやさしい解説書を示し、これが理解できるかどうか、と彼に尋ねた。

理解するのは無理だし、内容がむずかしすぎるという返事がすぐに戻ってきた。そこで、私は文字が読めたからといって、書いてあることが理解できない場合がずいぶんと多いと言ったのである。理解するということは、書かれていることが自分の現にもっている知識や考え方を通して再構成することにより、合理性をもってわかることだから、理解に足るだけの能力が、こちらになくてはならない。自分の頭脳で、合理的な再構成ができなかったら理解などできない。こんなわけで、ただ一回読み通しただけでわかるなどということを極めて稀なのだと言ってよい。

ところが、この頃ではどうやら事情が違ってきたように見える。講義を聴いて、その時わからなかったらわからないとして、それから先に自分から勉強して、そのわからなかったことを理解しようと努めないように見えるのである。講義は一回きりのものだから、本を読む場合に可能な再読と似た手段はない。では、どうするか。わからなかったことに関係した本や論文を見つけて、自分で勉強し理解しようと努めることである。また、講義を担当する教員を訪ねて質問したらよい(2)。

教員一人ひとりに大学が居室を用意し、そこで研究できるように便宜を図っているのは、教員が自分のしたいことに勝手に使うためではない。居室はあくまでも研究と教育のために与えられるのであって、それ以外の目的のためではない。だから、学生たちが質問などのために教員を居室に訪ねることは、学生たちにとっては当然の権利である。本来教員は毎日居室に出向いて、研究や教育のために、そこで仕事をすべきなのである。このことがわかっていない教員が多すぎる。特に文系学部では、週に三日も居室に顔を出せば多い方というのは、本来あってはならないことである。

ちょっと脇道にそれたので元に戻すと、講義で理解できなかったことについては、ただわからないといって放り出してしまうのではなく、自分が勉強してわかろうと努力しなければならない。講義をわかって聴くということができる場合は、講義される事柄についてだいたいのことがすでにわかっているからなのである。その場で初めて聴いてすべてがわかるなどということは、本来ありえない。だからこそ教員は講義する内容が、学生にわかるように反復も含めて講義しなければならないのだ。

思考力は自らが鍛えて作り出すものであって、他から与えられるものではない。このことが現在、学生たちの多くから忘れ去られてしまっている。自分の手持ちの知識と理解力で、もっと先の程度の高い未知だった物事を理解しようとしても、簡単にはいかない。簡単にいくと考えているから、わからないむずかしすぎるなどということになる。その結果、大学はさらに内容的にやさしい教科目を設定し、こうしたわからない学生たちに教育を施そうと試みる。こうなるとさらにずっと内容のやさしいものをとなり、際限がなくなる。

講義の内容はあくまでも、その教科目に関わる学問への導入としてなされるものである。だから、完全な講義など初めからありえない。内容を充実したものとし、高度のものへと進めるのは、学生たち自身の役目、強いて言えば義務なのである。聴いてわからないと言ってしまったら、自身が学問的にみて向上することなど期待できないではないか。わからないことをわかるように自分から進んで学ぼうという姿勢がなくなってしまったから、講義がわからないなどという苦情が出てくることになるのである。

もちろん講義する側に、わからないことの大きな責任がある場合も多い。だが、理解するという行為は能動的なもので、自ら学びとっていくことから理解も進むし、理解力も養成される。勉強は意志的な行為であって、自ら進んでやるものである。現在では、手取り足取りわかるように教育する、いや教育して〝あげる〟ようになっているから、学生の方が安易にそれに乗ってしまうのだろう。大学で学ぶことは、自分から進んで行なうことだという大切なことが、学生たちの多くから忘れられてしまっているのであろう。

『京大学生新聞』の一九九九年四月二十日号に、私は「大学での勉強に臨む姿勢」と題した小文を寄せたことがある。[2] その中で、勉強とは、自分からするものであると強調したあと、自分にとって未知の事柄や学びたいことがあって初めて、勉強が始まるはずなのに、このことを忘れているから、「わからないむずかしい……」などの不平不満が出てくるのだと述べた。そうであることを考えれば、教員の役割は本来、補助的なのだとも言った。末尾で「大学生になったばかりの人たちにとっては、学問の広大な領域に飛び込んでいくのだから、ほとんど何もわからないのが、本来当然なのだと言ってよいかもしれません。しかしどんなことでも、自分の歩むべき道は自分で切り拓いていくのです」と述べた。自分から進んで学びとっていく努力がない限り受身的となってしまい、わかろうともしなくなってしまう。努力を通じて考えるとはどういうことかもわかっていくのである。

『東大生はバカになったか』[3] と題した本が出ているが、バカになったというよりも、学び方を通してわかる過程がどんなものかがわからなくなっているのだと言ってよいのではないか。学ぶことがすべて教えられるのだとなったら、勉強の仕方さえわからなくなってしまう。初等・中等教育の過程で刷り込まれた〝学ぶための方法〟が、受動的だったがために、大学に入っても同じものと考えているか、期待しているのであろう。これでは教育が亡国への道につながっているのだ、と言われても反論の余地はない。

知識と理解とは別のことだ

知識は思考の素材となるから、知識はたくさんある方がよい。だが、知識が何の統合性もなしに雑然と塡め込まれていたのでは、思考の役には立たない。思考は物事に対する理解がなかったら進まないのだから、自分が学ぼうとしている事柄に対し、まず理解がなければならない。学習にとって理解力が本質的な役割を果たすと言われるのは、理解することによって思考への道が開けるからである。思考は、自分がするものであって他人から借りるものではない。

ところが、すでにふれたことがあるように、自分の思考に基づいて自分だけに固有の意見をもつことに慣れていないというか、もとうとしないように見える。意見を求められると誰かの言ったこと、あるいは書いたことで自分がよいなとか、賛成だと考えた時、それを自分の意見のように言う人が多い。何年か前に、外国からの留学生による弁論大会で、中国人留学生（当時、明治学院大生）が、日本人学生が自分の意見をもっていないし、またもとうとしないことに言及し、それにたいへんな違和感をもったとの感想を述べたことがある。これでは、国際化など覚束ないというのである。(4)

これとよく似た経験をしたことが、私にもある。国際交流協定校であるカンザス大学から日本語研修のために日本に来た学生たちと日本人学生たちの討論集会においてであった。日本人学生は、新聞や雑誌に出ていた論調を引用したりするだけで、自分の意見を述べなかった。カンザス大生は、自分の意見を述べており、それまで勉強したりしたことのなかったことについては「考えたことがないから意見は言えない」とはっきり発言していた。

このような日本人学生の何人かの発言を聞いているうちに、ついに我慢しきれなくなって、討論を司会していた教授に向かって「ひと言述べたいが……」と、私は発言を求めた。日本人学生にだけ聞いて欲しかったので、日本語で話したいと断って、彼らに叱責のことばを浴びせた。カンザス大からの学生たちは自分の意見を言っているのに、日本人学生は自分の意見を言わないとは何事かと、かなり激しく叱った。

ところが、日本における初等・中等教育を調査・研究するために来ていたカンザス大の教員グループの一人から私の発言を英語でも言って欲しいとの要求があり、結局同様のことをもう一度、英語でも説明した。日本人学生の中には私の発言に対し反論をしようと試みようとした学生もいたが、それは許されなかった。アメリカ滞在中に、日本からの旅行者たちを何度も面倒みている中に、日本では自分の意見もなしに生きていけるのだということがわかっていたし(5)、自分のところの学生たちの不甲斐なさにも呆れて、私は発言したのだった。

似たような経験をしたのは、すでにちょっとだけ先にふれたが、一九九七年一一月に大学主催の留学生弁論大会における、中国人留学生、姜慧さんの弁論「沈黙する羊たち」においてであった(4)。彼女は自分が学ぶ大学でのゼミにおける体験について語ったのであった。彼女の大学のゼミで、一人の日本人学生の研究発表に対し、彼女は自分にわからなかったことについて質問をしたのだが、この学生は手元にあったある教科書と参考書のある部分を読み上げたのであった。彼女は「教科書や参考書にそう書いてあることはわかっています。私はそのことについてのあなたの意見を聞きたいのです」と尋ねたのだという。すると、研究発表をした件の学生は下を向いて黙り込んでしまったし、ほかの学生たちはむっつりと黙り込んで自分の意見を発表する人はいなかった。

この時は、教授のとりなしでゼミは何とか終わったそうだが、彼女はあとで件の学生から「キツーイ」とつぶやかれたそうだ。彼女は、こんなことはしょっちゅう起こることだと言ったあと、日本の学生たちは物事についてあまり考えることがないのか、それとも自分の言っていることがわからないのか、口をつぐんだままで意見を全然言わないので見当がつかない、と述べた。彼女の演題は、日本人学生たちが〝おとなしいだけの羊〟と同じではないかという結論に基づいていたのである。

これは日本人学生に対するものだが、日本では大人たちも自分の意見をもっている者はあまり多くない。大学の教員たちでも同様である。そうであるから、意見というと損か得かといったような次元の低い好悪判断に基づいたものが会議などで述べられることになる。(6) したがって、討論などで最も大切な合意を目指すという方向性まで見失われてしまうのである。民主主義の本質を理解しないで言いたいことはどんなことでも言っていいのだ、そうして、その発言が多数を占めれば、それで勝ちだなどということになってしまうことになる。

こんなことでは、いつまで経っても意見をもつとはどういうことなのか理解できず、結果として我が国の将来への見通しを、文化の面で明るくはしてくれないことになる。私たち日本人は全体として知識をもつことに対し、ある種の羨望を抱く面があることから見て、意見をもつとはどういうことなのかが理解できたら、本当にすばらしいことだと私は考える。意見を作り出すには、対象となる物事についての知識がなければならない。もっている知識を論理的に組み合せて、自分の意見を形成するのだから、知識は当然多くあった方がよい。だが、それが雑然と填め込まれていたのでは役立たない。意見にするためには、ことばにより論理的に組み立てるのだから、知識が体系化されていなければならない。また、意見をことばにして表すためには、内言語系が豊かになっていなければならない。

今、内言語系と言ったが、この章の冒頭でふれたように、言語の体系にはこのほかに外言語系があり、この二つの体系を使って私たちは日常生活を過ごしている。外言語系は、反射的（reflexive）にことばとなって口から出るもので、これには内省的な過程が関わらない。日常のあいさつなど、いちいち考えてことばを口にするわけではない。もう一方の内言語系は、記憶と深い関わりがあり、記憶が内省的な過程を通じて論理的に組み上げられて、ことばとなって口から音として出てくる。したがって、内言語系の発達が貧しければ意見を言えと言われても、言えないことになる。先に知識がなければ、物事に対し意見が言えるようにはならないと言った。それなのに奇妙なことだが、出版社が大学の教科書を作るに当たって、執筆者に依頼するのはページ数のあまり多くない〝薄い〟ものである。教科書用に執筆した本は、私にはあまりないが、厚い本では、教科書として採用してもらえないのだという。薄い、となれば当然のことだが、扱われる事柄は少なくなり、説明も簡略化される。したがって、内容について重厚なものはできなくなる。こんな教科書によって理解力を養成しようというのでは、あまりに虫がよすぎる。

薄っぺらな教科書で教育を受けるのでは、大学生の学力低下はさらに進み、大学で身につけるべき学問についての基本的な学理の理解と修得など不可能となってしまう。人間にとって大事なのは、学生時代に一生の指針となってくれるような本を、少なくとも一つか二つ見つけることである。これらの本に対し、何か事が起こるたびにそれらにまで立ち返って参照したり、読み返したりすることを通じて学問研究に、あるいは人生の岐路での決断に立ち向かっていけるのだから、このような本を心の糧としてもてることは幸せなことだと言ってよい。私の場合は。カイパー（G.P.Kuiper）教授が編集した *The Sun* やシュレディンガー（E.Schrödinger）の *What is Life*（訳本は、『生命とは何か』）であった。

いろいろな本を読むことが大切なのは、それらから一生の方向を決めることになったり、人生観や世界観を作り上げるのに大きな力をもらったりするからである。また、人生に慰めや勇気を与えられたりすることもある。本との出会いが人生の決定的な指針となることもある。読書はまた、いろいろな知識を与えてくれる。それらについて考えることから、内言語系が豊かになり、自分の意見がもてるようになる。意見をもつためには、物事に対する理解がなければならぬ。知識と理解は別のものだが、物事に対する知識なしには理解するということはありえないのである。

「近頃の学生は本を読まなくなった」という話はよく聞かれる。大学生だけでなく、中学生や高校生からも読書の習慣が失われていっているという。本を読むということは、自分から進んですることである。勉強と同様、自分に強制しなければ、読書が習慣化することなどありえない。もちろん、本を読むことの好きな人は当然いる。だが、そうなるには何か理由があったに違いない。たとえば、ある本を読んで深く感動したとか、自分の進むべき道へのヒントを得たとかいった経験があり、そこから本を読むことの楽しさや喜びを学び取ったのであろう。読書は、私たちの内言語系を豊かにしてくれるのだという大切なことを忘れてはならないのである。

日本語がだめなら思考力は育たない

我が国では、日本語が言語としては非論理的な構造をもっているので、特に理工学的な分野の表現には適していないのだ、と主張する人びとがいる。また、私たち日本人の用いる言語を英語かフランス語にしたら、思考が論理的に進められるようになるのではないかと論じる人もいる。英語やフランス語も表現に対しては完全に論理的に運用できるかとなると、そうではなく、日本語とほとんど違いはない。それなのに、日本語に対し、今見たようなコンプレックスをもつのは、私たちが論理的に思考するという習慣を身につけていないがためだと、私には考えられてならない。最近では、言語に対する機械翻訳の研究が進み、日本語の論理的な構造が英語やフランス語と同様なものであることが示されている。

もちろん、用いられる語の順序が言語によって違っているから、思考の様式が異なるのは避けられないが、内容表現については肯定、否定に関わる叙法に、語の順序以外の相違を見つけることはできない。ことばには、もともと論理的に体系化できない経験による理解に基づくところが大きいから、ことばの使い方、言語表現の方法などは自分で使っている間に、身体で覚えてしまう面がことのほか強い(7)。だからこそ、ことばの用法には習練が必要なのである。

日本に生まれ育った人びとの大部分が、最初に出会う言語は当然のことながら、日本語である。日本人だったら、日本語が母国語ということになる。したがって、日本人は日本語をまず学ぶことになる。学び方については先に述べたように、最初は経験を通じて使い方を学ぶことになる。たいていの場合、子は親から母国語の運用の仕方を学ぶし、単語や語彙の数もこの学びを通じて増えていく。本を読んだり、人の話を聞いたりしてことばの使い方を学ぶのも広い意味では経験で、言語の運用の技術や中味はこの経験を通じて豊かにされていくのである。こうした広い意味の経験を経ないで、日本語が論理的でないなどというのは、日本語に対する理解ができていないからである。

日本語について基本的な用法と、それを駆使するに足りるだけの語彙、言い換えれば単語の数をもち合わせていないで、外国語を学ぼうとしたら外国語もまともに習得することなど全く期待できない。日本語も外国語も中途半端なものとなってしまうことになる。現在、英語を公用語にしようとの提言がなされているが、私たち日本人がすべて日本語と同じように英語を運用できるようになるなどと、このように言う人びとは考えているのだろうか。(8) 公用語といったら母国語と同じように使えることが前提なのである。

我が国では多くの人びとが、たとえば日本語と英語とを結ぶ〝糸〟は、英和と和英の二つの辞書と、両国語に関する文法書だと考えているように見える。この点について、私はこんな経験をしたことがある。八年にわたる滞米生活をし、その間に英文の著書を一冊作り、またたくさんの研究論文を英語で書いていたからか、日本へ戻ってきてから何回か英文の研究論文の校閲を依頼された。その時感じたことは、何を言いたいのか明確にわからない文章が多いということであった。

書いた当人に対し、英文に意味不明瞭なものが多いと指摘し、特にわかりにくかったところについては、どうしてこんな文章となったのかを尋ねてみた。「日本文を書いて、それを英文にしたのだから、そんなはずはない」という彼の返事には、私の方から返すことばがなかった。元の日本文を見せてもらってわかったことは、こちらが意味不明瞭なものとなっていたという平凡な事実であった。だが、事は重大である。日本語の用法がなっていないことがわかったからである。日本語がだめなら、英語もだめなのである。

こんな当たり前のことが理解できていないから、小学校から英語教育を始めようなどという提言もなされるし、英語を公用語に使用などという提案もなされるのであろう。最近では、外国へ出かける人たちの数が非常に増えたことから、外国語を学ぶことが大切だとの指摘がなされている。しかしながら、これらの人びとに必要なのは、日常の会話に用いられる外言語系のことばだけだと言ってよい。旅行中、いろいろな機会に使うことばだけ習得できればよいので、講演や学会発表などのように自分の考えや成果を論理的まとめて話したりすることは要求されていない。公用語になどと大きなことを言わなくても、こうした外言語系に当たることばなら、多くの人に学べるのである。公用語となったら、意見の表明やら公文書の作成やらをすべて当然できることとされてしまうから、国民一般にとって、これほど大きな負担はない。それでも英語を公用語にしようなどと要求するのだろうか。

言語の構造の違いについて考えることもなく、日本語の文章を英語に訳し直せば、それでしっかりした英語の文章にできるなどということはない。我が国では、日本語、いやいわゆる言語についての基本である読み・書き・話し・聴くという四つの能力について、初等教育から高等教育に至るまで全然教えられることがない。この四つの能力について教育しなければ、日本語を正しく操ることなどできないのだと言うと、多くの人が不思議がる。彼らは、日本語は母国語で、小さい時から自由に使っているのだから、先の四つの能力が備わっているのだと錯覚しているのである。

これら四つの能力が備わっていれば、意見だって正しく表現できるだろうし、表現の仕方だってことばを豊かに使って説得的にできるはずである。それなのに、なかなかできない。このことを忘れていて、外国語で意見を述べたり、文章を書いたりしようというのだから呆れる。当然のことだが、今もって私には完全に正しい英文を書くことができない。ただ誤解されないようには書くことができるとは思っている。

最近、アメリカ人学者が編集した本に寄稿したことがあった。(9) この人から、一章分担しないかと誘われて書くことにしたのだが、文章に不安があったので見て直してくれるよう頼んだ。私の文章を文法の面についてだけ彼は手を入れると言って直してくれたあと、日本人にしては英文が上手だと誉めてくれた。私がＮＡＳＡで働いていたことを知らなかったからであろう。

この寄稿をするより何年も前に、ある出版社からの依頼で、英語科学論文を書く前に注意すべきことについて、一冊の本を書いた。(10) 日本語と英語の二つの文章の基本的な構造の相違に注意し、英文の作成をいかにするかについて、私の経験に基づいて内容をまとめた。その際、事実と意見の違いについても注意を促した。まともな英文を書けない人間が、こんな本を作るとはとんでもないと叱られそうだが、私たち日本人に百パーセント正しい英文が自由に綴れるはずがないので、私の元の英文とアメリカ人によるその校訂文とをいくつか並べて、どんなところに注意したらよいのかについての例とした。

だいぶ以前のことだが、イギリスの科学雑誌『ネイチャー』（*Nature*）に論文を投稿した時には、私の英文を完全に書き換えて、それに間違いがないか検討してみよ、という審査員（レフェリー）の意見がついてゲラが送られてきた。[11] 現在では編集部で、ここまでやってくれるのである。このことも先の私の著書には載っている。下手な英文でも内容が理解できれば、このような作業をしてくれるので、英文の質について気を揉む必要はない。ありがたい世の中である。

だからというと、早速非難がましいことを言われそうだが、基本は日本語が誤解されないように正しく使えているかどうかということなのである。日本語には同音異義語がたくさんあり、それらの正しい意味については、文脈の中で私たちは捕える。また、私たちは対応する漢字を想い浮かべながら、人の話を聞いたりする。それにより、誤解することはめったにない。漢字一つひとつが固有の意味をもっているから、文脈の中で漢字が想像できれば、まず誤解することがないからなのである。[12]

このような日本語のもつ性格について非難する人たちがいるが、漢字を間に挟んだ日本語の特性を上手に私たちは利用すべきなのである。言語の体系には、どれも完全なものはなく、出発点はどの言語も経験に基づいて学ばれる。ことばに無数と言ってよいほどに無定義語が多いのは、言語の習得が経験によってまずなされるからである。私たちの記憶には経験から得られたもので、ことばに表せないものが六種類あることが、意識（consciousness）に関する研究から導かれている。[1] このほかに、意志的にことばで表せる記憶があり、私たちは日常、こちらの記憶だけを意識の上にのせて使っている。

これらの記憶はことばに依存しているのであるから、言語の体系が違えば、異なるのは当然のことである。英和・和英の辞典などにより、違う言語の体系が一意的に結びつけられるなどということはないのである。今は英語の例だが、他の外国語の場合も同様である。

このようなそれぞれの言語の体系がもつ特質を考えてみれば、何よりも大切なことは母国語について、読み・書き・話し・聴くの四つの能力を十分に養うことである(5)。そうすれば、ことばの論理的な運用も自ずとうまくできるようになるはずである。学生たちの文章力の不足に不平を言う前に、教員たち自らが文章を作るとはどういうことなのかについて考え直してみるべきであろう。ソシュールが入ってくれば、それになびき、チョムスキーだと言ったら、それに一辺倒になるというのでは、あまりに情けないではないか。チョムスキーの言語理論にどんな弱点があるかについても、すでにいろいろと指摘されている(13)。この言語理論の信憑性については、ヒト科ヒトの遺伝子分析（ゲノム分析ともいう）の結果が、言語を生みだす遺伝子があるかどうかを明らかにし、その解答を近い将来に与えてくれるであろう。

ここでひと言蛇足を付け加えると、現在使われている意味のゲノムについて、初めて提案したのはH・ヴィンクラーだが、今日使われている意味に使ったのは、我が国の木原均が最初であったことはもっと強調されてよいであろう(14)。この人は、小麦の祖先を解明したことで、世界的に名前をよく知られていることをここで注意しておきたい。

〝教える〟という言い方の不毛

教員たちがよく使う言い方に、〝教える〟とか〝教え子〟というものがある。これらの用法は、大学生にだけ使われるものではなく、初等・中等教育の場合でも頻繁に使われている。これらの用法が、私にはとてもいやらしいものに聞こえるので、私は使ったことがない。私自身が使われた場合はずいぶんとあるが、小学校に学んでいた頃の担任のある教員から自分の〝教え子〟と言われた時には、自分としては教えてもらったとはとても思えなかったので、いやな感じがした。こんな用法が、我が国ではどうしてなされるようになったのだろうか。〝教え子〟と言われると自分が、このように言う人のもち物か何かのように思われているようでたまらなくなる。教員だから、他人に〝教える〟のだと言われると、教員はそんなに偉いのかと私はまた反逆したくなる。

現在、教員たちが〝教えている〟と自分たちで考えていることは、ただ単に自分が必要に迫られて学んだことをそのまま伝えているだけではないのかと言いたくなる。他人に教えられるほど教員たちは深く学理に通じ、完全に理解しているのかと皮肉の一つも言いたくなるのである。ある教科目について講義することは、教員にとっては勉強することではないのか。特に大学では、学生たちが自分の目で学理を正しく理解できるように、教員たちは手助けすることが大切で、学生たち一人ひとりが自立し、自分の力でいろいろな事柄について正しく判断できるための能力の養成に、教員たちは自分の経験に基づいて尽くすこと、これが要請されているのであって、〝教える〟ことではない。だいたい〝教える〟などということは、学生たちに向かってできはしないはずなのである。

最近では、学生たちの理解力が十分でないし、学力も不足しているするから、〝教える〟ことが必要なのだという反論もあろう。しかし、我が国では特に、人文、社会系の教科目の講義では、教員たちが自分の言いたいことを言ってよいという悪しき習慣があるらしく、教えることさえできていない面があった。そうして、今もこの習慣は直っていない。倫理学という教科目の担当であったら、これを講ずる教員は自らが道徳面で、学生たちから畏敬の念を呼び覚ますような雰囲気をもっていてよい。

昔学生だった時、私は武藤一雄教授が講ずる「西洋政治思想史」をとった。この教授が講義室に現れると周囲に広がるある種の宗教的雰囲気を感じ、心が引き締まる想いであった。講義の内容にはぐんぐん引き込まれていき、教授のひと言も聞き漏らすまいとノートをとったものであった。大学を卒業してだいぶ経ってから、この方がキリスト教信者として有名なことを知った。この時の講義の内容は、政治と倫理の問題について歴史上のいろいろな人物の思想について紹介しながら、歴史的に語ってくれたのであった。

自分が勉強したことを、右から左に物を動かすのと似たような形で、学生たちに向かって講じたのだったら、学生たちの心にまで響く内容とはならず、学生たちの人生に対する態度の養成に役立つなどということはないであろう。こんなことをしながら、〝教える〟のだと言われたら、学生たちの方もたまったものではないであろう。教育とは、教員自身にとっては、全人的つまり全身全霊を打ち込んだ所業でなければならないからである。

学生たちは、教員の生き様や人生に向かう態度、あるいは研究への姿勢などを見ながら、自分たちはいかにすべきかについて、いろいろなヒントや手掛かりを摑み取っていく。先に、教育とは教員にとって、全人的な行為であるというふうに言ったのは、教員が身近な手本であり、人生に対する師であることを、教員たち一人ひとりが心しなければならないからなのである。近頃の学生はできないからなどと口にする教員から、将来への指針となれる何かを学びとるなどということはありえないのである。〝教える〟のではなく、教員は学生たちに対する行為を通じて、いろいろなことを実は学ばなければならない存在なのだ。このことを忘れることから、〝教える〟などと何も考えずに口にできるのであろう。このような言い方は、当人の思い上がりをただ単に示しているだけなのかもしれない。

大学教育からだけでなく、初等・中等教育からも〝教える〟とか、〝教え子〟という言い方をなくしたいものである。人間誰でも他人に教えられるほど、偉いなどということはないのである。

第8章　教養教育の変質――〝教養〟は不要か

現代に生きる私たちは、自分が属する社会から国家、さらには国家を包み込む国際社会にわたるいろいろなできごとの中にあって、日々の生活を送っている。国際社会に関わることには直接に関係はないとしても、自分が属する社会の中で起こるいろいろなできごとはすぐに大きな影響を及ぼす。時間的にみて次々と起こってくるできごとに対し、私たち一人ひとりは、それぞれの判断に基づいて身を処していかなければならない。この判断が自分にとって適切で、将来にとって有益な結果をもたらすものであってくれたら、その人の人生は豊かな意義あるものとなるであろう。

この判断に際して、大切な役割を果たすのが、その人のもつ教養なのだと私は考える。「教養とは自分でものが考えられ、自主的に行動できる人間を造る準備作業なのだ」と鈴木孝夫（当時、慶応大学教授）が言っているが、その通りだと言えよう。[1] 教養とは、物事に対しいろいろな知識をたくさんもつことではない。物知りとなっても、先に見た人生上の判断、もっと強く言えば決断などに有効な役割など全然果たしてくれないのだということを、私たちは忘れてはならない。

教養教育のあり方について、誤った見方をとってしまったので、大学における教育プログラムから教養科目と専門科目の区別が撤廃されたらすぐに、多くの大学で教養科目の多くが廃止されることになった。[2] 教養部という名前をもった部局も多くの大学におけるカリキュラムの構成から消えてなくなってしまった。教員たち自身が専門科目を担当したがり、教養科目をもちたがらないという実状を反映した結果であった。

大学内にも問題があった。専門科目を担当する教員たちの多くが、教養科目をもつ教員たちに比べて、自分たちの能力が上なのだと錯覚したり、教養科目の講義の方が専門科目に比してやさしいのだと強弁したりして、いたずらに教員間の反目をひき起こしたりしたからである。[3]

我が国には、人を見る目の中に奇妙な傾向がある。専門が何かについてすぐ尋ねたり、尋ねようとするのである。そうして、その人に対しある種の偏見を抱くようになる。[4] これは悪い意味で言っているのではないが、専門、専門と言ってしまうと、対談の席などでも話題が限られてしまって発展していかないのである。今、専門と言ったが、これはたいていの場合が、大学で何を専攻したかに関わっていて、それが、その当人を生涯にわたって拘束するものとなる。専門とする分野など一生の間にいくらでも変わっていけるのに、大学における専攻によって、「あの人は何が専門だ」とやられたのではたまったものではない。

人生には偶然の出会いが、人や物、書物などいろいろなことに対して非常に多い。一日の生活を見ても、こうした出会いの連続で時が経過していく。こうした出会いの大部分は、意識的に決断する必要のないものだが、偶然に訪れたものでも決断を要し、人生の転機となる場合がある。先に鈴木教授の言を引いたが、こうした出会いに対し、自分で考え自主的に行動できるということは、判断や決断が下せ、そこから次の行動ができていくから、偶然の出会いを人生の転機とできるのである。その時に、教養の有無が決定的な役割を果たすことになる。

教養があるということは、こうした判断や決断を誤らせないことにもなるから、人生に立ち向かう際に自信が生まれる。それが一人ひとりの品格というか、統一性を生み出す。教養教育は、人生において自分でものを考え、それに基づく判断から自主的に行動できる人間を養成することを目的としているのだから、この教育は不要どころか、大学教育においては最も重要なものだと言えよう。しかし現状は、教養教育は役に立っていないから、不要だとする見方に溢れている。

教養の危機――教養は不要か

先に鈴木教授の文章を引用して、教養の本質とはどんなことなのかについてふれた。この文章は短いが、大切なことをすべて言い尽しているように、私は考えている。しかし、この本質に迫るには、たいへんな努力が私たち一人ひとりに要求される。

自分で物事について考えられるということは、イデオロギーや時流に乗った見方などに惑わされないで、自分自身で成した勉強、調査、研究といった作業に基づいてのことであるから、容易なことではない。ともすると、私たちは時流に乗った見方を容易に受け入れたり、イデオロギーに捕えられたりして、自分自身の意見や見方を作り上げないで済ましてしまう。そうすると、自主的に行動できなくなり、他人の見解に追随したり、イデオロギーにどっぷり浸ったりすることになるのが避けられない。こんな次第で、教養があるということはたいへんなことで、ちょっとやそっとで教養をもった人間などにはなれないのである。

それにもかかわらず、大学組織の大綱化が一〇年ほど前に、国家政策として決定されて以後(2)、ほとんどすべての大学から教養部という教育上の組織がなくなってしまった。教養部に属していた教員たちは、それぞれが専門とする分野に関わった学部へ移ったり、新しい学部を作ってそちらに所属したりして、分散してしまった。前にふれたように、教員たち一人ひとりが自分の専門にこだわる傾向が強いので、このようになってしまったのである。

しかしながら、真に教養をつけるに資する教育をせよと言われたら、これほどむずかしい仕事はないと言ってよい。というのは、自ら進んで物事を考えられること、そうしてそれに依って立って自主的に行動ができることの二つに資せるに足る講義を、担当する教科目を通じてやれと言われても、容易にできるわけではない。教養教育という言い方は簡単にできても、その実現となるとほとんど不可能と言ってよい仕事なのである。それなのに、安易に教養教育をカリキュラムにのせてしまったことに、教養教育が放棄される原因があった。教養教育のための科目が知識の伝達と切り売りに堕し、単なる物知りを作るための講義でしかなかった。ここのところに、教員たちにも誤解があったし、教養ということの本質を理解できない教員側の能力にも問題があった。教員にも教養のある人が少ないという事実を、このことは反映しているのである。

先にふれたように、イデオロギーや時流に乗っていれば、自分の意見や物の見方などもたなくても済むので、こんな楽なことはない。また、責任をもたなくてよい。中国からの留学生による厳しい指摘について前に述べたことがあるが[5]、誰かがどこかで発言したり書いたりしたことを、自分の意見であるかのように話したり、書いたりしているだけなら楽だし、まず責任についてただされる心配もない。こんなことにならない人間を作るために、教養教育が用意されなければならないのに、それができないのだから、教養教育は消滅してしまったのである。

最近ではあまり強く主張されなくなっているが、かつては歴史の法則性についての論議が大いになされた。これをめぐって、フランス革命やロシア革命など、歴史上に残るいくつかの革命についての評価も、いく度か変転があった。ソヴィエトが崩壊した時、国際会議のために私はアイルランドの首都ダブリンに滞在していた。ソヴィエトからの出席者もかなりいたが、崩壊に当惑した様子の人々と崩壊をむしろ喜び迎えているように見える人々の二つに分かれてしまったように私には見えた。ある人は、これからは自分たちも西側世界の人たちと自由に話せ、往来も自由になるであろうと語っていた。やっと同じ〝仲間〟になれるのだというふうに話し、嬉しそうであった。

人類史上の革命については、これからもその評価をめぐって今後もいろいろな議論が続いていくことであろう。イギリスのピューリタン革命、アメリカの独立革命、フランス革命、それにロシア革命の四つについて比較検討しながら研究した成果が、何人かの人たちによって明らかにされつつある。(6)フランス革命について、フランスの歴史研究者が著した書物や論文を見ると、自国で起こった革命なので、評価については当然のことながら否定的にはなれないようである。(7)私が見た限られた数の著書や論文から推測するのだから割り引いて見なければいけないが、ソヴィエトの崩壊前後で、この革命に対する評価にも明らかに違いが出ている。

このような事実を見ると、歴史上の事件やできごとに対する見方や評価とは、ずいぶんと危ないものだと考えずにはいられない。先に挙げた四つの革命について研究したブリントン(6)は、ロシア革命が成功したものかどうかには留保しながら、成功したと明確に評価できるのは、アメリカ革命のみだとしている。ソヴィエトが崩壊した現在を見たら、彼はロシア革命も成功しない革命だったと評価を変えることであろう。革命に対する評価で彼と似た評価をしているのは、ハンナ・アーレントで、彼女はアメリカ革命が唯一の成功例だとみている。またフランス人で、フランス革命を研究している人びとの場合では、彼らのイデオロギーが、その評価に色濃く反映している。(7)

このような点からみると、歴史上の事実をどのように取り上げるか、またどう評価するかが、研究者それぞれのイデオロギーや思想的立場によって大きく異なっていることがわかる。現在では、歴史の発展に法則性があるなどという人は、たぶんいないであろうが、私が大学で学んでいた当時には、歴史法則性の存在は当然のこととされていた。(8)そうであるからこそ、歴史は科学なのだと強調されたのであった。今では歴史を物語であると主張する人もいるし、文学だという人もいる。(9)

このように評価が大きく変わるような時代にあって、自分の研究成果に立って学生たちが自分たち自身で考え、自主的に判断し行動できるような能力を養うように、講義や演習を通じて実際に行なえる教員など皆無だと言ってよいだろう。このことは、教員という存在がどれほどたいへんなものなのかを示し、簡単になれるような職業ではないものであることを示している。このことは、人の師となることが、いかにむずかしいことなのかを物語っている。教養のあるということが、口で言うのはいともやさしいが、ほとんど実現されないことだということがわかろう。教養をもつことへ向かう努力をしている姿を、学生たちに向かってせいぜい見せられるだけというのが、教員たちに実はできることなのである。

その上で、学生たち自身にも教養をもつことへの努力が、人生を築く上でいかに大切なことなのかについて、教員たちは身をもって示さなければならない。このような教員たちの自己向上への努力が学生たちに見えることが、彼らにとってはたぶん最高の教育となるのであろう。学ぶことに終わりはない。こんなわけで、教養は不要どころか、人生にとって最大の贈り物なのである。

表から見えないことは無意味か

我が国には、「職人気質」という言い方が人の気質、あるいは品格を表すためにある。だが、今ではあまり人気がない。それと関連があるのかどうかわからないが、最近になって注目を浴びているのがポピュリズムという言い方である。人間としての中味、品格、威厳といった大切なことなど、どうせ表から見えないのだからどうでもよく、ただ求めるのは人目を惹いたり、人気を得たりすればよいという風潮である。こうした皮相的で目立つことをしたがり、他人からの喝采をはかり、まるで何か大きなことをしたかのように言ったり、振る舞ったりする人間が最近多くなった。

他人に見えなくても、自分として納得のいくことを、社会に対し迷惑とならないように注意しながら忠実にやり通していこうとする人間が、ポピュリズムに焦点を合わせた人たちの出現により、評価されなくなってきている。人間の心から内省が失われ、外見だけで派手に何かやっているように見えれば、自分でも何か大きなことをやったかのように錯覚する人間が増えてきている。

大学にあっても、何か目に見える派手なことをやり、自分の功を誇ろうとする人たちが出てきている。新しい学科や学部の開設を目論んだり、教育プログラムの抜本的な変更を試みたりして、自分の手柄としたい教員の存在が目につくようになっている。大学全体の構成や将来像の設定と、それらがいかに関わっているかなどについては、一切顧慮せず、目先の成果にだけ関心があり、仲間たちに自分の存在をアピールしたいのが、こうした人たちなのである。

こういう人たちは、自分たちの損得についてもたいへんに目ざとい。それは、自分のやりたいと望んでいることが、人気にも関わることを知っているがためである。そのようなわけで、やりたいことがやれる見込みのある地位に就こうと試みるようになる。大学の中にも、学内サービスに関わる地位を求める人びとが、教員の中に出てくるのは、当然だということになる。大学にも、ポピュリズムへの風潮が当然のことながらはびこることになる。このような人たちは多くの場合が、学問的に見てそれほど注目すべき成果を上げていないように見えるのは、学問的な面での弱みを人目を惹く行為(performanceが当たる）で隠そうとしているからではないか。

人間の真の偉大さは、当たり前の行為の中にあるのであって、大向こうをうならす行為の中にあるのではないと言われているが、悪しきポピュリズムへの風潮が人びとの行為を捕えるようになってから、人びとのやることが大きく変わった。現在、我が国では困ったことに政治家と自らを考える人たちの中にも、国益を損ねてまで人気をあおるように振る舞う者がいる。その人の威厳（dignityが当たる）とか品格とかには一切の顧慮がないのである。

私が主に研究している科学の分野では、上げた成果について自分から宣伝したりする必要はない。研究論文の内容が、研究成果の重要性がどれほどのものかを示しているし、それが立派なものであれば多くの研究者から彼らの仕事に引用されるからである。科学上の成果については、理科系の人たちの間でも分野が違えば、理解することはたいへんにむずかしい。だが、正確ではないが研究成果の質についてはある程度の推測がなされる手立てがある。それは、研究成果がどんな学術誌に掲載されているかとか、どのような国際会議で発表されたかといった情報からなのである。自分から外に見えるように努めたり、喝采を求めたりする必要はない。

自分の研究に関わる事柄について今述べたが、こうしたことは文系、理系を問わずに見られることであろう。自分から自分の研究成果について、国際的なのだとか、世界的なのだとか言い募る必要は全然ないのである。現在は宣伝の時代だから何もしないでいたら忘れられた存在となってしまうという人がいるが、そのようなことはない。多くの人が重要と考えている学術誌に研究成果が研究論文として掲載されれば、いやでもたくさんの人の目に入る。放っておいても表から見える人間になっていけるのである。

教養ということにあまり関係なさそうなことを今までに述べてきたが、教養も人に見せたりするために、身につけるものではないだろう。人間として自分を立派なものとしたい。言い換えれば、人格を磨きたいがために、教養を身につける努力をするのである。教養があるということは、ポピュリズムとは元来、何の関わりもない。

だから、文系の人でも理系の人たちがどんなことを研究の現場で行なっているのかについて、常識的な範囲の事柄については理解しているべきであろう。理系の人については、これと逆のことが要請されるのは当然のことである。そうなのに、この当然のことが意外と理解されていないし、常識がないと言えよう。これは我が国の場合ではないが、イギリスで文系と理系の人たちの間で〝教養〟(culture) に大きな違いが生じ、相互の意志疎通がほとんどできなくなってしまっていると、かつて指摘されたことがある。(10) このような指摘をしたのは、ケンブリッジ大学で物理学を学んだチャールズ・スノウで、後に小説家としてもいくつかの作品を残している人だから、このようなことができたのである。

我が国の場合は、イギリスに比べて文系の人たちと理系の人たちとの間の懸隔は甚だしいように、私には見える。文系の人たちは理系の人たちが、たいへんに物分かりの悪い教養のない人間に見えるようである。また、文系の人間の方が理系の人に比べて理屈がよくわかりずっとよく融通が効くと考えているように見えるところがある。こんな不思議な隔たりがどのような過程を経て生じたのか不思議である。

我が国が明治維新を経て近代化していく中で、技術開発など現代文明の基幹となる産業方面の育成において、当初は技術官僚が参画していた。[11] だが、その数は減り続け、ついには文人官僚の手にすべて移っていってしまったのは、技術官僚には文系のことは何もわからないし、また国家戦略のような事柄についていては、考えられないのではないかという偏見が、文人官僚の頭の中にあったのかもしれない。こうした誤った考えが、最近ではずいぶんと大きく正されてきているのは、我が国の将来のためにもよいことであろう。

こうした風潮が強く支配してきた我が国では、理系の人間が文系の人たちが読むものと考えられているような書物を読んだりするのを不思議がるのである。ある時、当時の事務局長が私の部屋へ訪ねて来た時、私の読む本を見て驚いたことがあった。プラトンやゲーテの作品を読むことに対し、驚く必要など全然ないはずなのに、なぜ読むのかと尋ねられたのである。

京都大学に入学して間もなくのクラス会で、担任の吉沢太郎助教授（後に、東北大学理学部教授）から、理科の学生たちは数学や物理学について理解できるのは当然だが、法律や経済の本を読んでも理解できる頭脳をもっている。文科の人たちに比べてはるかに幅広い能力をもっていることを、喜べと言われたことを、[12] 今でも私は覚えている。本当にそうだと私は考えている。

ある会合の折に『多国籍企業』、『穀物メジャー』などの著書でよく知られた教員と話した折に、これらの本を読んでいることを告げ感想を話していた時、近くにいた当時の学長が私に向かって次のように言ったのであった。「理科系の人なのに、なぜこういう本を読むのか」という質問であった。読書というものは、本来自分の楽しみのためにするのであって、どんな分野かなどということは問わないはずである。こんなところにも文系と理系では人間としての資質から趣味のようなことまで違うのだという偏見が表れている。

こういう常識から外れたとでもいうべき偏見に捕われていると、文系の人は理系の人を理解しようという気持ちがなくなるし、また逆のことが起こる。その結果、文系と理系の人びとの間を偏見が支配し、意思が疎通しなくなったり、会議をしても互いにわかり合おうとしなくなったりということが起こる。スノウのいう二つの文化以前のところで、両者の間にわかり合えない偏見や誤解が介在してくることになる。

ある時、私の仕事に関連して私が家の裏庭に天体望遠鏡を設置していて、夜な夜な空にそれを向け、観測し、それに基づいて研究しているのかと真面目に尋ねた文系の教員（当時、ある学部の長であった）がいた。呆れて私は返すことばがなかったが、この教員の同僚にもわかる人がいて、私の仕事について正しいことを言って訂正してくれた。こんな非常識としか言いようのない人でも、大学を率いていけるのだと考えているのだとしたら、大学の質がどんなふうに変貌してしまったか、わかろうというものである。教員たちの教養も変わってしまったのである。

そのように変質した教養を表に曝したらどんなことになるか。研究成果に裏打ちされた教育をすべきなのに、研究をしないで、ただいたずらに教育を主とすべきだと強弁するようになってしまえば、教養を磨こうなどという気持ちも起こらない。大学が、学問の府としての役割を放棄したら、高等教育においてなされるべき事柄が忘れられ、怠惰な教員たちがはびこる場となってしまうのであろう。そして、ポピュリズムに毒された上辺だけの見てくれの姿が、キャンパスのあちこちに見られるようになる。

外国語教育はいかにあるべきか

私たち日本人が母（国）語とするのは当然のことだが、日本語である。母語について、私たちは特別の学習をしたわけではないが、日常の用事に間に合うように使うことができる。だが、ことばに対する習練はそれで終わり、言い換えれば完成したというわけではない。前にふれたことがあるように、思考にことばを十分に利用でき、その結果に基づいて意見を論理的に作り上げたり、論理的に系統立った長文を物にしたりできるようになるためには、内言語系の確立がなければならない。学びとった知識が理路整然と脳内に蓄えられていて、たとえば意見を述べたりする時に、論理的に列ねて表に出てくるようになっていなければならない。条件反射的に用いられる外言語系だけでは意見さえ述べられないのである。

言語の運用にすぐれるためには語彙を豊富にもち、それらが整然と類別されて、脳内に蓄えられていなければならない。母語としての言語の習得には、特別な努力も訓練も必要でなく、誰でも話せるようになることから、言語は生得的に学びとられるものだとする考えがある。また、言語の運用に当たって、文法について学ばないのに、語の順序についても正しく使えるようになる。このような面から、言語の習得能力は遺伝的なもので、たとえばある種の遺伝子にこの能力が埋め込まれているのだという考え方がある。

もし、そうだとすると、ことばをまだ話せない段階の幼児たちだけの集団があって彼らが成長していく過程で、言語の体系を生み出せることになる。実際に、このように主張する人たちがいる。(13)言語を生み出す本能が、人間には遺伝的に備わっているのだというのである。意志的な行動に関わる記憶は、言語を伴っていることが明らかにされているから、このような本能があるというのは、独断的にすぎると私には思えてならない。前にちょっとふれたが、この問題は人間に対するゲノム分析が完了したら、答は自ずから明らかになるであろう。

外国語教育について述べないで、母語としての言語の習得に関わったことばかり語ってきたが、母語の運用がうまくできるようになっていなければ、外国語を十分に学ぶことなどできないことなのである。私たち日本人にとっては、日本語が十分に使いこなせないならば、外国語に習熟することなどありえない。だから、最近進められようとしている初等教育の段階に英語教育を取り入れようとする試みは、全くナンセンスなことである。(14)特に、外言語系としての英語の教育を実施しようとしているのだから呆れる。このような英語を学ぶことに意味などないとは言わないが、日本人すべてが、大人になった時にそれを必要とするようになっているとでも、推進派の人たちは考えているのだろうか。英語を公用語にしたらよいと提言するような人たちがいるくらいだから、日本人すべてが内言語系としての英語まで理解でき、正しく運用できるようにしようと考えているのかもしれない。

だが、こんなことは不可能である。現在でも初等・中等教育から大学教育の諸課程において、英語の教育がなされているのに、大部分の人は英語の文章を理解しながら読むことができない。また、話すこともほとんどできない。だいぶ以前のことだが、駐日大使を務めたことのあるライシャワーが自分の著書の中でこのことにふれ、中学校から大学まで英語を担当する教員の大部分が英語を話せないと書いているが、これが実態である[15]。

私たち日本人の多くにとって必要なのは、文章になった英語が理解できるようにすることが、第一になされなければならない。英文が、読みながら正しく理解できるようになれば、英文を書くこともだんだんとできるようになる。英文和訳のような形での読み方をやったのでは、いつまで経っても英語は上達しない。日本語の文章を読む時、読みながら理解しているという事実を想起してもらいたい。

英語の場合も、そこまで行かなければならないし、そうできなければ上達は望めない。

最近、日本語の文章を声を出して読むことの良さが見直されているようだが、読みながら書かれている事柄が、理解されるのでなかったら無意味である。声を出すことは、記憶につながるので勧められてよいが、ただ単に音を連ねて、口の端にのせるだけなら何の意味もない。

今まで三〇年あまりにわたって、*TIME* というアメリカで出版されている週刊紙を購読している。時に、*News Week* や *Life* などの雑誌も買って読む。読みながら、それまで知らなかった英単語に今でも時々出会い、類推が効かない場合には大きな英和辞典か、いくつかの英語の辞典を参照する。自然科学の分野でも、生物学の方面では知らない単語に出会うことが多い。専門用語（jargonという）には、お手上げのものが多い。動物や植物の名前など、辞典には載っていない場合の方が圧倒的に多い。手元に動物や植物の英文による図鑑が揃えてあるのだが、すべての動物、植物が記載されているわけではないので、わからずじまいになるものが多い。

我が国に自生する植物についても、関心がなかったらたぶん名前などほとんどわからないに違いない。自分の方に関心がないものや事柄は、目の網膜に映っていても決して見えないし、植物や動物の名前でも、こちら側に生き物について関心がない限り、知りたいとも考えないし覚えようともしない。物事は心で見るのだと言われているが、網膜に映像が結ばれただけでは、心に響かない。こちらに関心がなければ見えてこないのである(16)。

昔、私が大学に学んでいた頃の英語の授業は、文学作品がテキストで、文章を日本文に訳すことが中心で、学生たちが指名されては一ページほどの長さの部分を、日本文に直すというものであった。こんな授業で英文を読んだり書いたりする力がついたとは思えない。三回生になってから、専門分野の洋書を探しに丸善へ出かけるようになった。注文していた本が届くと、はがきで知らせてくるので、取りに行き、下宿に戻って読んだものだった。四回生になって研究室に配属されてからは、備付けの本から読みたいものを見つけては読んだ。相変わらず丸善へ通った。この洋書を勉強したことが私の場合、英語に対する力をつけた。英語の勉強も結局は、自分でしなければ身につかないのだ。このことを、学生たちに理解させなければならない。勉強とは自分から進んでするもので、それをして初めて学問するとはどんなことなのかがわかってくるのである。

歴史をいかに学ぶか——日本文化をめぐって

この章の初めのところで、教養があるとはどういうことなのかについてふれた。このことは、自分の意見や、明確な自分の考え方をもつことにつながっている。だが、我が国の〝知的風土〟は、外国のそれと本質的に異なっており、自分の意見をもたないでも生きていける不思議な国である[17]。

このような知的風土に関係してか、自国の歴史や文化についてもただ単なる知識以上のものを求めず、歴史や文化がどのようにして形成されてきたのか、あるいはまた、その本質がどういった性格のものなのかといったことには考え及ばない。外国の歴史や文化との対比などについては、初めから考えようとしない。

このことは我が国の歴史が、外国人、特に近隣のいくつかの国の人びとに対して、悪辣非道の繰り返しに終始してきたとする歴史教育と無縁ではないと言えよう。(18) 特に、明治維新以後、世界の列強諸国の帝国主義的膨張の時代の中で、我が国が国家の生存を賭けていかに対処してきたか、その過程の中で起こった日清・日露の両戦争の原因と結果などに対する評価について、我が国の対外政策がすべて間違っていたように教えられてきた。私も、そうした教育を受けた一人である。

しかし、日本史や日本文化についての何人かのすぐれた外国の研究者たちによって書かれた書物や論文を読むことにより、それまで教えられたり、学んだりしてきた事柄とそれらへの解釈がいかに大きく違っているかについて知ることとなった。アメリカに長く滞在している間に、多くの同僚や研究者たちから、我が国の歴史や文化、政治・経済などの現代的な状況などについて、いろいろと尋ねられたり議論したりする機会があった。そこで、改めてアメリカで手に入る文献を読んだり研究したりしているうちに、日本について読んだり学んだりしてきたことが、いかにひどく偏向したものかがわかってきたのであった。このような勉強に対し、当時メリーランド大学マッケルディン図書館で、プランゲ文庫の整理、補修に当たっていた村上寿世氏には、ずいぶん世話になった。また、日本史研究家のメイヨー教授やフランク・シュルマン氏からも教えられるところが多々あった。

ごく最近になって、我が国では歴史上の事実をねじ曲げた解釈や見方に対し、それらを正そうとする人びとの活動が、ようやく活発化の兆しのあることはよいことである。今でも、こうした活動に反発し、押さえようと試みる人びとが多くいる。だが、歴史の正しい理解や、日本文化の本質にまともにふれたいと望む人びとの気持ちを踏みにじることは、もはや不可能であろう。しかしながら、昨年（二〇〇一年）、扶桑社から出版された中学校用の日本史教科書をめぐって起こった採用反対運動や、それに関わる〝進歩史〟観に立った人びとの批判は、言論の自由とは何かを全然理解できないからこそ、できたのだと私には見える。

「学問的に正しい歴史物語は書けなくなった」と、山崎正和はある論文の中で書き、二〇世紀において、マルクス主義の思想が果たしてきた役割とその破綻について述べている。[19] この思想に基づいて歴史の発展における法則性を読み取り、歴史学という学問を〝科学〟として確立しようとの試みは、ついに挫折せざるをえなかった。今、〝歴史物語〟という言い方が出てきたが、こうなると書く人それぞれによって歴史上の〝事実〟すら見方や解釈が異なってくるから、教養のために読もうとしても「安心できる基準がない」ことになってしまう。

現在では、歴史を文学だとさえ極論する人がいる。もしそうだとすると、各々の歴史家（そう自称する人びとも含めて）が、自前の歴史観に基づいて歴史を文学として叙述することになれば、彼らの間に完全に共通する評価など全然期待できないこととなる。[19] こうなったら、歴史家たちの間での歴史上の事実やその取捨選択、あるいはそれらの評価をめぐって論争が絶えず続くことになろう。これにさらに外国の歴史家まで加わるとなったら、共通の理解など、歴史上の〝事実〟に対しても、できることは絶対にないことになろう。我が国の歴史に対し、近隣のいくつかの外国が共通の歴史認識をと迫っているが、こんなことが不可能なことは、今見た事柄だけからでも直ちに納得できるはずである。[6]

我が国では、物理学の歴史の扱いにおいても、特定の歴史観、特に史的唯物論に呪縛されていた時代があった。物理学の発展史に、いわゆる歴史の法則性を見出すために、自分の〝史観〟に都合のよい文献を取り上げて叙述した人びとがいた。[20] 生物学の歴史では、ソヴィエトの時代に時の政治責任者、スターリンから支持されたルイセンコ遺伝学に、我が国の学者たちの一部が追随した時代があった。[21] これらの人びとは今もって、自分たちの誤った行動について反省の言を全然発していない。口をつぐんで、自分は何の関わりもなかったかのように振る舞っているのには呆れるとしか言いようがない。

中国で起こった〝文化大革命〟に対して、絶大な讃辞を弄した人びとは、今だにそれが誤った行為であったことについて、そんなことがあったのかといった顔をしている。[22] 人間、誰でも何事についても誤った判断や行動をしたことがないなどという者などいないのだ。日本の歴史を歪曲してまで、私たちの先人たちが築いてきた伝統までないがしろにして、てんとして恥じない人たち、また歴史的事実を確かめないで、個人的な伝聞などに基づいて歴史を裁断しようとする人たちがたくさんいる現実は、一日本人として私は非常に残念である。

ソヴィエト〝帝国〟が崩壊して以後、マルクス主義あるいはマルクス・レーニン主義に基づいた歴史の法則性について情熱的に語る人たちはさすがに影をひそめたが、先にもふれたように、自分たちのしてきたこと、発言してきたことに対し反省する姿を見せていない。したがって、今後の状況次第によっては、この法則性について、また言い出すことがあるかもしれない。物理学の世界でも、現在の宇宙論の基礎について、弁証法的唯物論の立場から批判していた人たちが、本音かどうかわからぬが、我が国内外にいた。だが、この批判を誤りであったと反省して見せてくれた人はいない。ルイセンコ遺伝学の場合でも同様だ。特にひどいと私が考えているのは、この遺伝学についてロシア語で書かれた多くの文献を日本語に翻訳して我が国に紹介し、著書や論文を通して普及に努めた人が、後になってロシア語ができたから紹介しただけだというふうに言っていることである。(21)

ソヴィエト崩壊後、マルクスの思想に導かれて学問を進めてきたと言っていた人が、私に向かって「マルクスは死んでしまった」と言いながら、ワハハと笑ったのには驚くというより、呆れてしまった。学問の底が、そんなに浅いのか、学問研究をするということは、自分自身の思想が学問と対決することではないのかと、それなのに、こんな発言が許されるのかと怒りさえ覚えた。こんな人から、経済学の講義を受けて、真に学問する姿勢を学ぶことができるのだろうか。物知り的に知識だけに立った〝エセ〟学問なら、それでよかろうが、それを学ばせられる学生たちは不幸であろう。

どんな分野でも、学問には形成の歴史がある。ここに、イデオロギーや自分の思想信条をもち込んで、事実の選択をし、それらから歴史を組み上げて、学生に語るなどということは許されることではない。すでにふれたように、マックス・ウェーバーは、このような恣意的な行為を絶対にしてはならぬと戒めていたではないか。(23)我が国の歴史や文化について講義で語る時、自分の寄る辺とするイデオロギーや思想から、自分の主義・主張を語ってはならない。たとえば、天皇制に反対だからといって、それを学生たちに語ってはならないのである。

一九九〇年の夏に、シシリー島のエリチェにあるマジョナラ文化センターで開催された宇宙線天文学に関する夏の学校に、講師の一人として招かれた。ＮＡＴＯ傘下の国々から、八〇人ほどの大学院生が参加し、いろんな国から招かれた講師たちによる講義に、二週間にわたって出席した夜間のカルチャー・コースに、私は一回「古代日本における美術と建築」と題した講演をした。(24) この方面の専門家でない私が、こんなことをするとは身のほど知らずと言われるかもしれないが、参加した学生や講師の大部分は、我が国を訪れたことがないので、我が国の歴史についてごく一部でも紹介し、日本のことをわかってほしいというのが、この講演の動機であった。大学図書館が所蔵している飛鳥・奈良時代の美術と建築に関するスライドを借りてもって行き、私の拙ない古代史の知識を基に、これらのスライドを見せながら話した。

講演のあと、多くの人たちから、すばらしい日本の歴史的遺産について初めて知って、うれしかったと言われたし、我が国をいつか訪ねたいとも言われた。夏の学校の校長を務めたモーリス・シャピーロ博士から、「大きな行事の一つ」と誉められ、やって良かったと感じた。こんなことができるようになったのも、アメリカに住んでいた時に、我が国の歴史や文化について勉強する機会が得られたためである。

第9章　規律と倫理——学問的良心との関わり

大学に教員として勤める人たちには、四つの義務が課されている。これについては、すでに述べたが、それらの遂行に当たっては当然のことながら遵守すべきことがある。それらについて、規定化がされていないのは、自らを律する事柄だからである。こうした規律は、学問的良心に関わっている。言い換えれば、学問研究の成果に事実関係のことは当然として、さらに倫理的な責任をもつことである。この責任は、自分が担当する講義科目の中味にも関わる。

自然科学に属する学問は、どんな分野であれ進歩していく学問である(1)。このことは、先人たちの研究成果を踏み越えていくことを当然としているのであるから、新しい研究成果は過去になされた研究成果を否定するものであったり、それまで未知だった事柄に新たに知見を付け加えたりする。時には、革命的な発見や新理論や新学説の発明（提唱に関わる）がなされる。その時、研究成果に意図的な捏造や虚偽が含まれていてはならない。

こんなことは当然でわかりきったことだと言われそうだが、〝歴史を記憶する〟とか、〝戦争を記憶する〟といった言い方で、歴史上の事実さえねじ曲げるようなことが起こっている。また、前にふれたように、ペリー来日の折に渡された白旗二旒の経緯について、このことを否定した人さえいた。これが、ある中学校日本史教科書の採択を妨害するためだったとしたら、教員として許される行為ではない。正に倫理観の喪失だと言ってよい。

大学内における教員の身分については、国立の場合は、教育公務員特例法により保護されているし、私立大学の場合はこの法律に準じるとされている。したがって、私立大学の場合でも、身分の保全については十分に保護されていると言ってよい。もちろん、大学によって罰則規定は異なるが、先の特例法に違反するような措置は、当然のことながら取れない。だから、ほとんど何の限定もなしに、どんなことでもできるのだとは言えない。学問的良心に関わる倫理が問われるからである。学問研究には、研究者としての責任がついてまわるのである。

学問研究には責任が伴う

どんな課題であっても、研究に集中している時には、事実や解釈に関わる責任や捏造や虚偽などの行為に関わる責任などについて、まず考えることがない。このようなことは、研究に従事するあらゆる人に、当然成り立つことで、改めて言う必要などないことであろう。事実をねじ曲げたり、解釈を自分の考えに有利なように作り上げたりすることは、通常ありえないことと考えられているからである。ありえない〝事実〟を捏造したりすることは、研究者ならやるはずがないとも一般に信じられている。虚偽に関わる行為など、研究の過程で生じるとは誰も考えない。研究とは知的で公正な仕事だと考えられているからである。

自然科学の世界では、関係する学界の中では、事実の誤認や解釈や理論の誤りなどについては、起こり得るものと想定されているので、そのことについて責任を問われることはない。こうした誤りを通じて、科学の進歩が実現されていくからである。しかし、こうした誤りを、学界の外、つまり社会に対し正しいものとして公表したりすると、社会的な責任が生じる。虚偽の行為となるからである。

では、自然科学の研究者ではない、アマチュアが解説などで間違いを犯した場合は、専門家ではないのだから、責任を問われないで済むのかといったら、やはり責任は問われることになる。専門家でなくても、間違いは許されないのである。したがって、科学ジャーナリストを名のる人たちが事実誤認をしたり、学理の内容について誤解したりしていながら、それらについて公的に発言することや、そうした文章を公にしたりすることは、当然のことだが許されない。前に立花隆が犯した誤りについてふれたが、熱力学についても、また相対論についても正確な内容の本だと認められている物理学の教科書を一つでもまともに勉強していたら、「かなり変ですよ」と誤りを指摘されずに済んだであろう。(2)正確に学ぶことがいかに大切かを、この人の書いたものから私たちは学べるのである。

自然科学の内容は、先人たちのした仕事を訂正したり、新事実や新理論を付け加えたりして乗り越えながら、前線を拡大しつつ進歩していく。たとえば、ニュートンにより大成された古典力学の体系は、数理解析的な理論的整理をラグランジュなどによりなされ、解析力学に体系化されたが、後に力学系の理論と呼ばれる理論体系へとさらに発展した。この理論体系は、カオスの研究に適用され、現在急速に発展しつつある。また、ニュートンの古典力学体系は、相対論に包含されることが、アインシュタインにより示された。ニュートンの体系は現在でも、光速度に比べてはるかに小さな速度の領域では十分に正しい結果を与える。このように力学と呼ばれる分野だけでも、発展の歴史を刻んでいるのである。

ニュートン、ラグランジュ、アインシュタインと科学者の名前を引用したが、彼らが大成した理論体系は、彼ら自身に固有な理論体系ではなく、彼らの名前をかぶせる必要は全然ない。ただ歴史的に見た時、これらの人の役割が理論体系の形成に対し最も重要な役割を果したことを示しているにすぎない。アリストテレスの倫理学、ケインズの経済学などという言い方とは、本質的に異なる。「マルクス経済学」という言い方の学問体系はあっても、「アインシュタイン物理学」というものはないのである。作り上げられた物理学の理論体系は、万人共通の理解に立つもので、そこにはイデオロギーや思想は介在しない。したがって、理解の中味が間違っていたら、すぐにそうとわかるのである。

自然科学と違って、人文、社会、経済など人間が関わった研究分野は、自然科学が成立の根拠とする〝科学〟にはなることがない。これらの分野を科学として成立させようとの試みから、弁証法的唯物論に基づいた解釈を唯一のものとし、歴史の法則性についてもそれが存在するものとした考え方があった。こうした解釈や考え方は、すべて崩壊してしまった。それなのに、自分のイデオロギーや思想（あればのことだが）に基づいて、講義をしようと試みる教員がいるが、これはは許されることではない。

良心の自由は〝不自由〟

ごく最近のことだが、イギリスの週刊科学誌『ネイチャー』に、「性に関わる類型」と題した特集記事が出ていた[3]。中味は性選択（sexual selection）に関わるもので、いろいろな動物の実験と観察に基づいて、種により、この選択がどのようになされているかが考察されていた。性選択は、進化論で有名なチャールズ・ダーヴィンが、『人間の由来』の中で初めて取り上げたもので、人間（ヒト科ヒト）の場合も、研究の対象とされている[4]。

グールド夫妻の仕事について、ほんの少しだが前にふれた。[5] 彼らによると、人間の場合、相手の選択の仕方に男女の間に相異がある。男は、女の肉体的魅力に高い関心があるのに対し、女は〝よい稼ぎ〟（Good earning capacity）をかなり上位に位置づけている。これが、現実に生きる社会にみられる男女間の差別から生じているのだという見方もあろうが、彼らは男と女のもつ本質的な相異からきているものと考えている。脳に性差があることは、カナダのドゥリーン・キムラ[6]が、彼女の研究結果に基づいて指摘しているが、グールド夫妻の考えと矛盾しない。

これらの研究結果は、前にふれたエンゲルスやベーベルの主張と、真っ向から対立する。もちろん、彼らが生きた時代の研究水準では、脳の性差だとか、「性に関わる類型」に語られているいろいろな研究成果など予想すべくもなかった。したがって、エンゲルスが『自然弁証法』の中で述べた「サルが人間化するに当たって労働の役割」が、現在のサルやチンパンジーなどの霊長類の研究成果を全然予想していないのは当然だし、実際に見てもいない。それなのに、エンゲルスの所論を正しいものとして、現在主張したら、とんでもない誤りだと批判されることであろう。[7]

先に、ダーウィンが性選択について初めて取り上げたと言ったが、この方面の研究は、それ以後大きく前進した。また、社会生物学は、人間の本性についての研究も含めて、男と女が社会の中でどのように行動するか、特に男女の肉体的な差異とそれに関わる精神構造の性差がどのようなものかについても研究の範囲に入れている。この学問の研究成果は、生物学的に男女間に見られる肉体的、精神的な差異を明らかにしつつあり。現代社会における男女のあり方にも大きな影響を及ぼすことであろう。

しかしながら現代の日本では、こうした学問的成果を無視しいたずらに男女の間における社会的位置の相異を強調し、家族の存続を容認しがたいものとして、その否定にまでいこうとしているように見える。(8)自分のイデオロギーや主張から学問的成果を受け入れず、非難するというのでは、学問研究に身を置く人間だとは言うことができない。自分に気に入らなくても、正しいものは正しいとして正当に評価し、自分の研究に取り入れていくことから、研究はさらに進められていくのである。

エンゲルスが、彼が生きた時代に誰かの研究から学びとったサルの社会に関する所説を〝正しい〟ものとして引用していたのを見て、霊長類からヒトへの移行に関する研究はすでに終わってしまっているのだ、と言った人がいるが、これらの研究も自然科学の領域内のことで、進歩していく分野であることに無知なのであろう。(9)自分が信奉している人の所説を信じていたら良心の自由は失われて、窮屈な〝不自由〟だけが残ることになる。それなのに、このような人は、その不自由さに気づかないのである。

「ジェンダー論」や、これに類似したテーマの教科目を設定し、教育カリキュラムに取り入れる大学が、男女共同参画に関わる法律や夫婦別姓論などに関わる社会的風潮の中で増えていくことだろう。だが、その時、最近の大脳生理学、性選択進化論、社会生物学などの研究成果を、正しく取り入れていって欲しいものである。人間もヒト科ヒトとして、生物種の一つにすぎない存在であることを忘れてしまったら、思考や行動、あるいは情緒などにみられる性差の由来とそれらのもつ本来の意味さえ捉えることができなくなってしまうであろう。学問研究は、自分の恣意に任せられるものではないことは、すべての人が心しなければならない。言いたい放題などという自由は許されてはいないのである。

研究をしているという口実

研究という仕事は、遊び心でやれるというものではない。また、自分の好きなようにやれるものでもない。さらに言えば、この仕事は趣味でやれるものでもない。大学に職を得ている人間、言い換えれば、教員には義務の一つとして研究が課されているからだ。その研究の成果が、教育に生かされるのだとしたら、研究が実を結ぶように努力を傾けなければならない。だから、苦しく辛い仕事が、研究なのだと言ってよいであろう。研究がうまくいかず、何の結実もみないのだとしたら、落胆するのも致し方ないという以外に言いようがない。

今でも文系の学問領域では、外国語で研究論文を書くということは、極めて少ないというように聞いている。だとすると、日本語で研究論文を書くのだから、読むのは日本人だということになる。日本語を理解する外国人もいるが、その数は極めて少ないから、このような学問領域では、内容批判などは日本人同志の間でなされる場合が圧倒的ということになろう。こんなわけで、学問自体に国際性がないのだと言われても、反論の余地がない。学問が国際化しないし、できないことになる。

日本国内でなされた研究の成果が、外国へ広げられないのだから、外国人の目から見たら何の成果も上がっていないのに等しい。中国の科学と技術の歴史について研究したイギリスのジョセフ・ニーダムは、中国の天文暦法の歴史的な研究ですぐれた業績を上げた藪内清の仕事にふれ、もしこの人が日本語でなく外国語で研究論文を書いていたら高く評価されたであろう、と残念がっている[10]。残念なことだが、日本語にはまだ国際性がない。

明治維新以後、かなり長い年月にわたって我が国は、外国でなされた研究成果を取り入れて学んできた。学問の研究成果が、〝輸入超過〟の状態にあった。こんなことから鈴木孝夫によれば、〝丸善学派〟なるものが生まれた[11]。丸善を通じて、最新の洋書を輸入して勉強し、それを祖述するなどして、学位を取った人びとが、この派に属する。今ではこんなことはないかもしれないが、学問的にみて、我が国は後進国だったのだから、これも止むをえなかったのであろう。

この後進性と因果的に関わっているのかもしれないが、第二次大戦後、イデオロギー的には、マルクス主義思想に関わる史的唯物論に惑わされてか、歴史の法則性を信奉する人びとがたくさんいた。我が国に今もいる〝進歩史観〟を奉ずる人びとは、この時流に乗ってきているのであろう。

時流に乗っていれば、その中ですぐれたことは何もしなくても、自分のいる場が確認できるので、安心していられる。研究を独立してやっているような錯覚に浸ることもできる。この節の初めの方で、研究は苦しく辛い仕事だと言ったが、こうしたことも忘れられる。そうして、怠惰な人間となる。だから、それを批判されると、研究は一生懸命やっているのだと強弁するようになる。

大企業の技術開発部門で働いている友人の一人が、私に次のように尋ねたことがある。

「大学では明けても暮れても、研究でたいへんだろう。オレなんかはとてももたないだろう」

こう言われた時、こんな誤解をしてくれたことが、私はうれしかった。だが、私の答えは「会社で苦労なんかしないで、どこでもいいから大学に職があったら教員になりなよ。月給は安いが、怠けていられるから」というものであった。彼は納得しなかったけれども、怠けていても研究しているのだと強弁していられるところが、大学なのである。だから、大学を〝愚者の楽園〟だなどと揶揄する人が出てくるのである。

何を言ってもよいか――失われた倫理

我が国では、言論の自由が憲法で保障されている。だから、何を言っても許されるのだと考えている人がたくさんいる。大学も、その例に洩れない。講義の中で自分のイデオロギーや主義主張をいくら述べてもよいのだと思い込んでいる教員たちも多い。自分の言いたい放題を語ってよいのなら、講義の準備に時間と能力をかけることも要らず、気楽に講義もやれることになる。こんな講義を聞かされる学生たちが気の毒だと言うべきであろう。

教員たちにも、職業倫理という観点があり、それを守るのが当然なのに、これについて考えてみたことのない教員の数は、結構多いように感じられる。このように書くのは、個別調査でもよいからやってみた時、誰一人として職業倫理などありません、と答える人はいないだろうからである。自分の専門が、マルクス経済学だと言っていた人たちが、ソヴィエトの崩壊以後、全く口をつぐみ、この経済学とは全然関係がなかったかのように振る舞うのは、いったいどういうことか。「マルクスは死んじゃった、ワハハ……」と私に向かって言った人については前にふれたが、学問するということは全人的な営為ではなかったのかと私は言いたくなる。

失われた倫理に関わって、今想い返しても恐ろしいと感じるできごとが私には一つある。国際交流センター所長を務めていた時のことだが、キャンパスを出て帰宅のために歩き出した。その時、私に向かってやって来た人がいた。薄暗かったので、誰だかわからなかったのだが、すぐ側に来た時ある学部の教員であることを認めた。私に向かって、彼はいきなり、「ぶっ殺してやる」と怒鳴ったのであった。なぜこんなことを言われなければならないのか、一瞬わからなかったが、次に発したことばから、誤解されていることが明らかであった。彼の在外研究の希望を、私が潰したからだと言うのであった。その時には、摑み合いの争いにはならなかったが、自分で誤解していながら、私を殺そうというのだから、その時の出会いを想い出すと、今でも背筋に寒いものを覚える。

これは極端な例だが、大学というところは精神的に不安定な人が相対的にみて多くいると言われているから、私が経験したことを例外とはできないのかもしれない。国際交流センター所長をしていた時、私に向かって直接私より自分の方が適任なのだから辞めたらどうかと言った人もいる。こんな経験は、学長をしている時にもあった。

よその大学の話だが、キャンパス内で教員による殺人事件が起こったこともあるし、教員が日本刀で学生を切りつけたという事件もあった。広島大学で起こった事件では、助手が教授を殺したのだが、原因は、この助手に昇任の望みが断たれてしまったことであったように、当時の新聞に出ていた。

大学に教員として職を得るのに、人格とか人間としての資質や品格が、選考の対象とされることは、まずない。専門とする学問的業績だけが、選考に当たって取り上げられる場合が圧倒的に多い。したがって、人格的にみて、社会的に受け入れられないような人でも、教員になれる場合が出てくる。教員の採用に際して、人間としても資質や品格を研究業績の内容とは別に配慮した基準がなければならないと考えているのは、たぶん私だけではないであろう。言いたい放題に自分の主張などについては語り、その責任について全然考えてもみない人たちが増えてしまっている現在、大学の教員とて例外ではない。言論の自由を言う時には、責任も伴うのだという大切なことを忘れてはならない。

第10章　学長と研究——大学における日常

予想もしていなかった職務に就くと、当初は、まず何から始めてよいのかわからず、気持ちが落ち着かないし、職務に合ったような態度もとれない。なりたいと望んでいたことなら、こんなこともないだろうが私の場合は違っていた。

学長の辞令をもらった翌々日に、私は学部長会で大学に設置されている短期大学部の廃止について報告し、了承をとりつけねばならなかった。私の就任以前に、理事会で決定されていたことなので、経過説明もたぶんまともにはできなかったことであろう。それから、すでに述べたことだが、一週間もしないうちに自己点検・自己評価報告書が提出されていないが、どうなのかとの問い合わせが来た。

こんなふうに、次々といろいろな問題が教育と研究面の運営をめぐって出てくるので、いわば対症療法的に、これらの問題を処理することが日常的な仕事となった。また、大学が〝保護監察〟下にあったから、大学運営の正常化が教学の面でも求められていた。

公の時間と私の時間

学長となって一番大きく変わったことは、生活の仕方が不規則となったことであった。それから学長としての業務は当然のこととして、学生の教育に関わる問題へと関心が移った。人間の能力開発と教育との関わり、知性の発展とこれに関わって最近知られるようになったフリン(Flynn)効果の存在、知能(ＩＱに関わる)と〝ベル〟曲線との因果関係などについて、勉強するようになった。(1)

私の時間を、物理学方面の研究に使う時間だと取れば、このような時間はほとんどなくなった。もちろん、定期的に手元に届く内外の学術誌や研究誌には、週末にまとめて目を通したが、落ち着いて時間をかけて読んだり、勉強したりすることはほとんどできなくなった。こんなわけで、いろいろと知識は増えたが、それらが雑然と整理できずにしまいこまれたので、研究には役立つものとならなかった。

職務内容が変わったのだから、時間の使い方が違ってくるのは当然だが、職務とそれに向かう態度の間に齟齬をあまり感じなくなるのには、やはり何ヵ月かにわたる時間がかかる。それはそれとして我が国では、欧米の場合と違って学長に付与される権限はあまり強くない。したがって、独断で専行するということはありえない。だからこそ、大学審議会からの答申に、学長権限の強化が盛り込まれているのである。(2) 我が国の場合は、長と付く名の職務に就いたら、何でも勝手にできると誤解する人たちが割合多くいるが、それは権限強化とは関わりなく、単なる思い上がりの所業である。

先に、生活の仕方が不規則となったと記したが、夕方、仕事の終わる時間が一定しなくなった。したがって、夕食をとる時間が一定しなくなり、それが健康面では悪い働きをたぶんしたであろう。学長として公人の立場にいたのだから、こうなるのも止むをえないことだが、学長として学内行政にたずさわった期間についての評価はたぶん一〇年かもっと経ってからできるようになるのであろう。

心の教育を考える

人間のもつ能力を測るのに、知能指数（ＩＱ）が用いられてきたが、感情を含めたものの方が重要なことが最近提唱されており、情動指数（ＥＱ）という測り方が必要だと考えられ始めている。また、アメリカのフリンが注意したように、知能指数が時代とともに上昇傾向を示すことから、人間の物事に対する理解力が改善される方向に動いていることが指摘されている。(1)

だが、我が国では、初等・中等教育における内容の低下に伴って、高校卒業時の若者たちの学力というより、物事に対する理解力が落ちてきており、教育崩壊の危機が叫ばれている。新しい教育課程がめざす〝ゆとり教育〟は、この理解力の悪化をさらに加速しようとする勢いである。文部科学省の主導による国民の愚民化政策が推し進められようとしていることは、絶望的と言ってよい(3)。

また、人間として身につけるべき道徳や倫理についてほとんど学ぶことなく、最も多感ともいうべき若い時代を過ごし、社会人としての行動の規範をわきまえるべきことを学ばなかったとしたら、人と人とが協同して作る社会が成り立たなくなってしまう。道徳や倫理をわきまえるようになるには、一人ひとりの心の持ち方が大切なのに、それについて学ぶ機会をもつことなく、大人の世界に入ってしまうのは恐ろしいことである。大学は、かつては、こうした機会をすでにもっており、大人として学問について学ぶ場であった。だが、現状は異なる。その結果、いかにして我が身を修めるのかについて、大学で学ばなければならないようになる時代が間もなく来るのかもしれない。そうだとして、誰にこのような教育ができるのだろうか。

自分の考えを学生たちに語る

学長の職務の一つに、入学式と卒業式における式辞というものがある。この式辞について、私は原稿を作って読むことをせず、自分の考えを入学してくる人たちや卒業していく人たちを見据えながら語りかけることにした。そのため、式辞として文書になったものが私にはない。もちろん、このような内容のことを話したいと文章にまとめて一応は書いて何人かに見てもらった。

式辞として読むよりも、学生たちに向かって語りかけた方が、私の考えを聞いてわかってもらえると考えたからである。入学式や卒業式で語ったことの一部については、大学で出版し新入学生全員に配布する『学問への誘い』に、三年間にわたって書いた。(4) きれいごとを並べるよりも、私が経験したことを踏まえて、学生たちに語りかける方が彼らの心に訴えるところが強いと考えたからである。

自分がもっているよりも高邁なことを語っても、その化けの皮は、やがてはがれて本音の姿が見えるようになってしまう。人間、自分のもっている能力より上のものを見せようと努力すると、語ることばに迫力を欠き、きれいごとに堕してしまう。こんなことをしてまで、自分をよく見せようという気持ちは私にはない。自然体が心に負担をかけず、精神衛生上もよい。

今まで私は、物理学や数学に関わった解説その他、ずいぶんと多くの長文、短文を綴ってきた。それらに加えて、大学における教育や大学改革に関するものも、いろいろなメディアを通じて発表してきた。これらの後者についての文章はすべて、私が自分で研究したり、勉強したりして到達した私なりの考えに立脚したものである。借り物は一つとしてない。学生たちに語りかけたものもすべて自前のものである。これらの文章は、いつか集成して書物の形にして公表したいと考えている。

学問的な研究ができたか

「公の時間と私の時間」の節で述べたように、自分の研究に割いた時間はほとんどなかった。学長の職務に就いていた三年間に、研究論文と呼べるものは一篇も書いていない。一九九七年に、一つ作っているが、これは前年の国際会議に提出した論文が *Nuclei in the Cosmos* Ⅳ と題した論文集(Proceedings)に出版されたものである。[5] この論文と関わりがあるのであろうが、アメリカのペンシルヴァニア大学のデュ・ヴェルノイスから、宇宙線物理学に関する本を作るのだが、寄稿しないかと言ってきた。

こういう機会は滅多にないから、引き受けるとの返事をし、私の研究結果に基づいて、宇宙線の起源に関する原稿を綴った。編者のデュ・ヴェルノイスは、私が学長をしていることは最初知らなかったが、あとで喜んでくれた。この原稿は、彼が私の英文を見てくれたあと、*Topics in Cosmic Ray Astrophysics* と題した本に収められた。[6] これは、オリジナルな仕事ではないが、私の研究結果を多くの人に見てもらえるので、書いてよかったと考えている。

学長の職務に就いていた時に、アジア・太平洋学長・研究所長会議が、地球環境問題をテーマに開かれた。私は、太陽活動の長期変動と地球温暖化との関連について講演した。これは後に、この会議の論文集(Proceedings)に印刷された。[7] 地球温暖化が、炭酸ガスの排出の増加によるとして、この増加をいかにして抑制するかが、世界的な問題となっている。この問題に対し、太陽活動に見られる過去一〇〇年ほどにわたる増加傾向が、地球温暖化に対する強制効果(forcing effect)による可能性を論じたのであった。

以上に述べたことは、物理学方面に関わることだが、学生たちに向けて小さな本を一つ作った。『大学は何を学ぶところか』と題した本である。[8] 学生たちに、人間としての尊厳さについて考えて欲しいとの気持ちから、大学において学ぶべき事柄を、どんなふうに私が考えているか語ってみた。

この本のほかに、ずっと以前に原稿としてまとめてあったものが、『湯川秀樹　白紙の講義録』として、二〇〇〇年の秋に出版された。いろいろなところが書評に取り上げたが、私からの〝若い人びとへの熱きメッセージ〟だというふうに見てもらえたのが、うれしかった。[9] このほかに、物理統計学に関わった本、『物理学の「統計的」みかた』を出版した。[10] 私にとっては数式がたくさんの珍しい本であった。

学長の職務に就いていた間、いろいろな国際会議の案内状が届いたが、先に記したものの一つだけに出席した。この会議は、熊本で開かれた。名古屋で開かれた宇宙空間研究会議（ＣＯＳＰＡＲ）には研究仲間がたくさんやって来たが、私は論文も出せずに欠席し、彼らに会えなかったのが、ちょっと残念であった。何人かから日本で会おうと、一回前にハンブルグで開かれた会議で約束していたからである。

研究者としての立場からみれば、学長職に就いていた三年間は、何の研究もできなかった長い〝不毛〟の期間であった。だが、ＥＱについて、またフリン効果といった人の脳と心の発達に関わったいろいろな事柄に、認知科学（Cognitive Science）の面から勉強を始めることができたことは、よかったと感じている。意識と心との関わりなどについて、深く勉強を始めるきっかけとなってくれたからである。

第11章　心と健康——日常の中から

不規則な生活、それにストレスが溜まる生活。こうした生活は、心身どちらの健康にとってもよくないとされている。その通りだと感じる。簡単には打開策が見出されない問題が起こった時など、思考が空転して時間だけが過ぎていく。焦っても答えが出ない。そうして心に苛立ちが生じる。こんな経験は誰にでもあることだろうが、こうしたことが相次いで起こると心も身体も疲れる。責任を伴う地位は、ストレスを心身の両方に蓄積させる。国際交流センター所長、工学部長、学長と一〇年あまりにわたって、学内サービスに勤めてきたので、精神的に相当な疲労が溜まったのではないかと思う。だが、今になって顧みて、いろいろと得がたいよい経験をさせてもらえたとありがたく考えている。

誰にでもできる経験ではないからだ。私が勤めることになった学内サービスの職務は、どれも自分から望んでなれるものではないから、なおさら私にとっては貴重な経験であった。

知らぬ間に溜まるストレス――〝学長を辞めれば治る〟

毎年一回、秋も深まった頃に健康診断のためにクリニックを訪ねる。学長職に就いていた間も、校務が予定されていない土曜日に出かけた。学長を務めていた間に、いくつかの点で健康チェックにひっかかった。それも、だんだんと年ごとに異常の度合が大きくなった。

こうした健康状態の移り行きについて、問診に当たった医師から〝学長を辞めたら治る〟というふうに言われた。見つかった異常は一過性のもので、不規則な生活と、ストレスの蓄積が引き起こしたのであろうとの診断であった。だから、学長職を退いたら不規則な生活とストレスから解放され、元通りの健康状態を回復すると言われたのであろう。実際に、そのように経過しているように感じられる。

学長職に就いていた間は、身体の具合が悪いからといって週日に医者の所へ出かけるわけにもいかなかったが、幸いなことに大きな病気になることはなかった。虫歯を作った時には、歯医者へ出かけた方がよいのだがと思いながら、行かずに過ごし、歯をたくさん失った。これが、私には負の遺産として残った。虫歯になるのも、ストレスが関わっているそうだから、歯の健康についても心を砕くべきであったと、後になって考えたことであった。

ストレスが溜まるのではないかと時に考えることがあっても、意識しながら溜まるのを避けるのはむずかしい。知らぬ間に溜まっていくから、健康を損ねるのである。

役職上でポケットに入れたか――疑惑の目

学長職を退いて、しばらく経ってからのことである。文系のある教授と出会った時、次のようなことを言われた。大学の七〇周年記念行事で、いくつかの建設事業が進んでいるが、これに関わって建設会社から、ポケットにだいぶ入っただろうと言うのであった。こんなことは考えてみなかったし、このたびの建設事業では、不正行為は一切ないようにして、事業が進められたから、ポケットに入るなどということは全くありえないことなのに、こうした嫌疑をかけられた。全くないと言う私の返答に対し、彼は否定したって、「私にはわかっているのだ」という意味のことを言った。

こんな人間が、教員の中にいるのを知って、人間不信もここまで来ているのかと恐ろしく感じた。彼が言ったのは、こんなことはどこでも起こっているのだから、「ポケットに入れてない」などということはないはずだと言うのであった。こんなことを言っている教員が学内にいることを知ったら、理事長ほか理事たちも真から怒るのではないか、と私は推測する。

この本の初めの方に書いたことだが、私学助成金の補助を辞退し、理事長以下、理事全員が辞職する事態を引き起こすようなことが起こる以前には、いろいろと〝黒い〟噂が広がっていた[1]。こんなこともあって、あれだけの建設事業なのだから、私のところにも何らかの〝手当て〟があったのではないかと、この教授は勘ぐったのかもしれない。たぶんこの人以外にも、同様の疑惑を抱いている者がいると推定できるので、健康を害してまでして、何とか〝保護監察〟の身から、大学を救いたいと考えて努力してきたことが、阿呆らしく思えて仕方がなかった。

責任をとるということ

新キャンパスの創設に絡んで生じた未払い金問題で、大学が揺れることがなかったら、工学部長を二期務めたあと、私の学内サービスは終わり、研究と教育に打ち込める人間となっていたことであろう。だが、大学が問題を起こした時に、工学部長職にあったがために、自分の希望に反して、学長に就任することになってしまった。

学長職にあった時、まず考えねばならなかったことは、大学の信用回復をまず第一の目標とすることであった。これは、文部省（当時）による〝保護監察〟から独り立ちできるように大学をするように試みると同時に、私学振興共済事業団からの助成を正常に回復できるように努力することが、私に課せられた任務に伴うものであった。

新学科や新学部の設置事業や、大学院の拡充事業、あるいは大型の私学助成に関わる新事業などは、第一の目標が達成されてからあとのことと考えた。文科系の新学部構想については、教員側が立案したものとして、学長職に私が就く以前に、理事会への報告がなされていたということだが、理事会決定事項ではないとのことだったので、これは教員側の新たな検討事項とすべきだと私は考えた。大学院工学研究科の学生定員増については、新しい工学研究棟が完成して以後、施設面を考慮して決定すべきだと考えた。工学部経営工学科の名称変更については、工学部教授会で決定されたが、時期が適当でないと考え、すぐには取り上げないとして了承を得た。

このように、私が学長として関わって、任期中に実現しなかったり、検討しないで終わったものがある。また、学長就任に当たって、未払い金問題に関わる責任問題の解明をすべきだと私は述べたが、理事会が公表した以上のことはできなかった。「ポケットに入れる」ような不正をしたのではないかと、疑惑の目で見る人がいるのだから、この解明については粘ってみた方がよかったかなと今考えている。だが、学長職を退いてすでに一年あまりが過ぎた。

学長職から退く前の最後の法人評議会のあとの席で、私は退任のあいさつをしたが、その時、大学に対する私学助成金は一〇〇パーセント回復したし、それだけでも私が学長を務めていてよかったと考えていると述べた。大学正常化が正しく進んでいることの証拠と考えられたからである。これで責任が果たせたとは、言えないかもしれないが、〝保護監察〟からは、少なくとも解き放たれた。

研究に向かう心——心の健康とは

人間とは、不思議な生き物で、いろいろなことに関心をもち、自分に納得がいくまで調べてみようとする習性をもつと考えられている。私にもこのような習性があり、物理学方面のこと以外にも、いろいろなことに関心がある。前にふれたEQや、フリン効果に対する関心は、知能の発達と民族性によるその現れ方に関する大著『ベル型曲線』（*The Bell Curve*）を勉強してから生まれた[2]。工学研究科経営工学専攻で、統計解析などの領域を担当しているので、この本の中味にも当然関心があった。日本を含めた世界の人口統計から、衛生統計にまでわたる事柄にも、いろいろと面白い研究課題がある。

ここで一つ、どんなふうに研究が始まるか、例を挙げて語ってみよう。ジョセフィン・テイ（J.Tey）が著した『時の娘』（*The Daughter of Time*）[3]を読んでから、私はイギリス王室のリチャードⅢ世の生涯に関心をもつようになり、イギリス史から、この人の生きた時代、バラ戦争などについてのいろいろな本を読むようになった。今では、たぶんこの〝不幸〟な王についての知識は専門家並みのものになっている。だが、このテイの本で語られていることが、真実にふれたものではないことは、すでに承知している。展開される推理の進め方が面白いだけでなく、今でもいろいろと教えられるのである。このほかの彼女の本は、二つしかもっていないから、彼女のよい読者ではないが、リチャードⅢ世からバラ戦争にまでわたって、いろいろな本を見るようになったのだから不思議である。もっと深く突っ込んでさらに勉強し、リチャードⅢ世について研究論文を書いてみたいと考えている。

物理学方面の勉強と研究は当然なすべきことだが、日本人として我が国の歴史や文化についても、当然強い関心がある。もちろん、専門家として研究しているわけではないから、学んだことから何か物することなどできないが、前にエリチェでのことを記したが、外国の人びとに日本の歴史や文化について、学んできたことに基づいて紹介するようなことはできる、と考えている。

どんな分野のことでも、自分にわかっていなかったことについて学んだり、いろいろと知ったりするのは楽しいし、自分の視野を広げてくれる。それと同時に、心を健全なものへと仕立て上げてくれる働きもある。私たちにとって心の健康状態は、身体の健康にも影響するから、ストレスが溜まるような仕事にたずさわっている時には、心に新たな関心を呼び起こしてくれる本などに出会えた時は、うれしく感じる。

今では、学内サービスの業務からも離れたので、心の健康に有効だと、自分の目で確かめられた事柄に向かって、思う存分に時間をかけて、いろいろな分野の勉強をしていきたい。また、やり残したままにきた物理学方面のいくつかの研究課題について、研究してもいきたい、と構想している。

あとがき

過去一〇年あまりの間に、大学が抱えるいろいろな問題、中でも、大学の存在基盤として最も重要な研究と教育を担う教授たちの実態について発言してきた。その一環として、『大学教授――そのあまりに日本的な――』と題した本は一九九一年に出版され、その続編である『続 大学教授――日々是好日――』は、その一年後の一九九二年に出版された。これら二つの本を書いた頃は、大学に職を奉ずる教員の義務の一つである学内サービスとして、国際交流センターの運営に関わっていた。最初は運営委員として、次いで、副所長、所長の順に、何年かにわたって大学の国際交流事業に関わりをもった。

本文中でふれたように、一九九二年の春には、交流協定校の一つであるカンザス大学から、我が国における初等・中等教育の実態について調査研究を目的とした一三名からなる調査団の一行が来日した。約一ヵ月にわたって忙しかったが、彼らとともに充実した日々を私自身は送ることができた。調査団一行の業務が効率よくてきぱきと手際よく進むように、多方面にわたる事務手続きや教育現場との交渉などに、当時のセンター職員は骨身を惜しまず当たってくれた。その甲斐あってか、この調査団の調査・研究の成果は大きく、所長として私は来日した人たちから感謝された。これもひとえに、センター職員の方々が、この事業の成功のためにたいへんな努力を傾注したからこそ、大きな成果があげられたのだと感謝している。

翌年の一九九三年七月には、工学部長に選出されたので、国際交流センター所長の職を辞したのだが、後任が決定するまで一ヵ月あまり兼務することになった。この年の夏も、イギリスのバーミンガムにあるアストン大学から、日本語研修のために来日した学生たちの面倒を見た。彼らの日本滞在中、私のところでも学生を一人、ホームステイのために預かった。この時の学生は、昨年（二〇〇一年）五月に日本を訪れ、私の家に滞在し、家族で旅行したりした。

工学部長に選出される前に、『大学教授』の正続二つがすでに出版されていたので、大学の同僚たちのうち何人かは読んでいた。だから、この選出には、これらの本の影響が少しはあるのではないかと私は推測しているが、本当のところはわからない。

だが、最初の本が出た時、文系のある教授が「大学の恥を曝すような本を書いて怪しからん」と私に言った後で、「だけど、本当のことが書いてあるのだから、文句は言えない」と続けたのを聞いたことが今でも私の耳にこびりついている。この本が出版後しばらくの間、東京大学生協書籍部の売れ行きトップを占めていたことについては、私に親しいある人から教えられて驚いたが、この人は、東大の学生たちの多くは自分たちが教授予備軍であることを自覚（？）しているから、こんなことが起こったのではないかと言っていた。

幸いなことに、これら二冊の本は大学問題に関心のある多くの人に読んでもらえることになった。工学部長に選出された年の秋に、工学部に対する文部省の査察があった。この時、文部省の若い役人が二人、視学官の教授二人とともに来学したが、役人の一人からこれら二冊を読んだ感想を聞かされた。そして、大学の改革に、本の出版がどれだけの力を及ぼすと思うかと尋ねられた。彼の見解は、こうした影響には否定的であった。これには私も同意せざるをえなかった。ただ、私が嬉しいと感じたのは、若い役人が、これらの本を手にしてくれたことであった。

工学部長の職務に就いていた時に、大学問題についての三冊目の本『大学の「罪と罰」』を出版した（一九九四年）。この本では、現実に起こったいくつかの大学における事例を扱っていたが、こんな事例がもはや珍しくはなかったということもあって、多くの人に読んでもらうことはできなかった。それに、一九九二年に文部省から大学教育の大綱化が公表され、多くの大学が学部・学科の改組などで、大きな転換期にさしかかっていたことも影響した。そうではあったが、この頃からいろいろなところから大学問題をめぐって原稿依頼を受けるようになった。本文中で述べたように、この本は韓国語に訳されて出版されている。

一九九七年七月には、工学部長から学長へと職務が変わり、二〇〇〇年七月まで三年間にわたり学長職にあった。学長選挙の際に、大学問題について私が書いた本が何らかの影響を、投票に関わった教員たちに及ぼしたかどうかはわからない。「本を読んでないから私に投票したのだろう」と冗談めかして言った人がいたが、もしかしたら本当かもしれない。「読んでいたら、怖くて投票なんかできない」とも言われた。

しかし、大きな組織では、一人の力などそれほど大きくなく、自由に発揮できない。大学も大きな組織に属するし、学長の権限など大きくない。だからこそ、大学審議会が学長の権限の強化を勧告していたのである。

二〇〇〇年七月まで、何とか学長を務め、一〇年あまりにわたった学内サービスが、私にとってはやっと終わりというところにたどり着いた。長い間ほったらかしてあった居室は、物置同然となっており、そこの整理整頓から学長職退任後の仕事が始まった。数ヵ月してやっと落ち着き、忘れてしまっていた物理学上のいくつかの問題について勉強を始めた。

だが、落ち着く気分になかなか浸れなかったのは、一〇年にあまる学内サービスにおいて経験したことや、気がついたことなどについて、何らかの形にまとめたものを作っておくべきではないかという気持ちが去来していたからである。そこで、思い切って、私にとっての自己点検・自己評価報告書のつもりで『大学教授』の続々篇を作ることにした。本書が、この報告書に当たる。

この本に書かれていることのすべてが、ここ一〇年あまりの間に私の経験に関わっているので、私自身のまわりに今もいる人に関係したこともしばしば語られている。だが、これらのことを語ることによって、直接に誰彼を批判したり、非難したりしようとする目的はまったくない。実際にあったことを、私が書きつけてきたメモやノートから抽出したにすぎないからである。

この本を作るに当たっては、前二著と同じく、地人書館編集部の永山幸男氏にたいへん世話になった。原稿にはすべて目を通していただき、文章の未熟なところや不明瞭なところなどを指摘していただいた。本当にありがたく感謝している。幸いにして、本書の内容が誤解されることなく、私の真意が読者となられた方々に伝えられるものとなっていたら同氏のお陰である。しかし、内容に対する責任は私自身にある。

先にもふれたように、この本は一〇年あまりの学内サービスに従事してきた一教員の自己点検・自己評価書であると言ってもよいものである。だが、この本を書かせた動機には当然のことだが、大学における研究と教育に対し、教員たちがいかに対処すべきかについて、長年にわたって私自身が考えてきたことをぜひ語っておきたかったという私の気持ちが込められている。この気持ちが幾分なりとも読者となられた方々へ伝えられたとしたら本当にありがたいことである。

二〇〇二年八月

著者

追記　この七月に山梨県富士吉田市で開かれた原子核と宇宙に関する国際会議（*Nuclei in the Cosmos* Ⅶ）に出席した。久しぶりの国際会議で、いささか興奮した。次々と新しい成果が発表されるのを見ながら、学問研究に身を委ねることの幸せを感じた。ささやかながら、一つ研究発表をさせてもらった。

第11章

(1)「発覚 神奈川大80億円“秘密借金”の怪——8年間ひた隠し，文部省もあきれ顔」『週刊朝日』(1995年11月3日号), p.156.

(2) R.J.Herrnstein and C.Murray, *The Bell Curve* : *Intelligence and Class Structure in American Life*, The Free Press (1994).

(3) J.Tey, *The Daughter of Time*, Penguin Books (1951).

第10章

(1) フリン効果については，フリン自身の論文がある．J.R.Flynn, IQ gains over time: Toward finding the causes, *The Rising Curve: Long-Term Gains in IQ and Related Measures*, Amer. Psych. Assoc. (ed. U.Neisser), pp.25-66 (1998). またEQについては，D.Goleman, *Emotional Intelligence*, Basic Books (1995). 学生教育に関わって，こうした心の発達について勉強するようになった.

(2) 大学審議会答申については，第1章の (1) を見ていただきたい.

(3) 私の主張は『神奈川新聞』(2001年1月15日) に掲載された「学校教育が亡国への道？」(辛口時評) を参照していただきたい.

(4) 大学で新入生に配布するために毎年出版している『学問への誘い——大学で何を学ぶか——』に，学長職にあった三年間に,三回違った事柄を書いた．1998年版「未来があることの幸せ」．1999年版「大人になること——個の確立に向かって——」．2000年版「人生における出会いについて」.

(5) 私のこの論文は，次のようなものである．K.Sakurai, Ultra-heavy nuclei in the source composition of cosmic rays and their origin as related to the interstellar matter, *Nuclei in the Cosmos* Ⅳ (eds. J.Gorres, G.Mattews, M.Wiescher and S.Share), p.56c (1997).

(6) 第7章の (9) に，私の論文の表題が示されている.

(7) K.Sakurai, A factor important to global warming: the Role of Solar Activity, *Proc. the 7th Asian Pac Univ Presidents' Conf.*, pp.73-76 (1999).

(8) 私の学生時代以後の経験を踏まえて，次の本を作った.桜井邦朋『大学は何を学ぶところか』地人書館 (2000).

(9) 今谷明が『中央公論』(2001年3月号) に，『湯川秀樹　白紙の講義録』について書評を書いている．この本に対しては,岡部昭彦が書評を『数理科学』(2001年6月号) に載せている．このほかに，読売新聞，京大学生新聞，京都新聞などにも書評が出ている.

(10)『物理学の「統計的」みかた』朝倉書店 (2000).

書房（1967）.

（22）村松暎『中国三千年の体質——孔子から現在まで——』高木書店（1980）.

（23）第6章の（17）を参照されたい.

（24）第2章の（1）に挙げた私の著書『大学教授——このあまり日本的な——』の中の第二部を見られたい.

第9章

（1）P. Medawar, *The Art of the Soluble*, Methuen （1987）.

（2）第6章の（20）に引いた谷田和一郎の著書を参照されたい.

（3）第6章の（16）にあるJ.Knightによる解説を参照されたい.

（4）C. ダーウィン『人間の由来』《世界の名著50》中央公論社（1979）.

（5）第6章の（16）に挙げた Gould & Gould の本を見られたい.

（6）A. & B. ピーズ『話を聞かない男・地図が読めない女』主婦之友社（2000）. 地図の見方について，男女による違いは，万国共通と私は考えている. アメリカに住んでいた時, このことについて私の友人たち（女性も含めて）は，この本の内容と同様のことを考えていた. 医学的検討結果は, D. キムラ「脳と性差」『別冊日経サイエンス』"脳と心"p.114, 日経サイエンス社（1993）.

（7）宮地伝三郎,『動物社会』《筑摩総合大学》筑摩書房（1969）.

（8）第6章の（14）を見られたい.

（9）羽仁五郎『都市の論理』勁草書房（1967）. この本に書かれている京都大学研究グループによる霊長類研究に対する批判については, 前の（7）における宮地伝三郎の著書を見よ.

（10）J.Needham, *The Grand Titration: Science and Society in East and West*, Allen and Unwin （1969）.

（11）鈴木孝夫『日本語は国際語となりうるか——対外語戦略論——』講談社（1995）.

(10) C.P.Snow, *The Two Cultures and a Second Look*, Cambridge Univ. Press (1959). 日本語訳では, “Culture” が “文化” となっていた.

(11) 我が国における技術官僚の役割の変遷については, 大淀昇一『技術官僚の政治参画』《中公新書》中央公論社 (1997). 我が国近代化の過程における学歴貴族の役割については, 竹内洋『学歴貴族の栄光と挫折』《日本の近代12》中央公論社 (1999).

(12) 第2章の (4) に, 湯川秀樹についての私の著書が引用されている.

(13) チョムスキーの著書については, 第7章の (13)を見ていただきたい.

(14) 英語教育に関する私の主張は, 第7章の (8) に引用した『神奈川新聞』への寄稿を見られたい.

(15) E.O.Reischauer, *The Japanese*, Charles E.Tuttle (1978).

(16) 島崎敏樹『心で見る世界』《同時代ライブラリー》岩波書店 (1994).

(17) 第4章の (6) に挙げた私の著書『「考え方」の風土』《現代新書》講談社 (1979) の中で述べた.

(18) 小山常実『歴史教科書の歴史』草思社 (2002) を見よ.

(19) 第6章の (8) に挙げた山崎正和の著書を参照されたい.

(20) 武谷三男『量子力学の形成と論理 (一)　原子模型の形成』銀座出版社 (1948). この本に対する批判については, 広重徹『科学と歴史』みすず書房 (1965). 特に, この中の「第1章　科学史の方法」を見られたい. これの元原稿は『京都大学新聞』に1964年3月23日, 4月13日および4月17日に掲載された.

(21) 理解できたとは思えないが, 中学・高校で, 次に挙げる本を読んだ. 八杉竜一『ダーウィニズムの諸問題』理学社 (1948). ネオメンデル会 (編)『ルィセンコ学説』北隆館 (1948). 八杉竜一『近代進化思想史』中央公論社 (1950). 八杉竜一『生物学』光文社 (1950). これらの本から, 私は大きな影響を受けた. それだけに, 後年次の本を読んだ時, がっかりした. 八杉竜一『一生物学者の思索と遍歴』岩波書店 (1973). この著者に対する批判については, 中村禎里『ルィセンコ論争』みすず

N.Chomsky, *Syntactic Structure*, Mouton, The Hague （1957）. *Aspects of the Theory of Syntax*, MIT Press （1965）. *Language and Mind*, Harcourt Brace（1968）. *Language and the Problems of Knowledge*, MIT Press（1988）. チョムスキーによる“生成文法”については, 田窪行則・稲田俊明・中島平三・外池滋生・福井直樹『生成文法』《言語の科学6》岩波書店（1998）.

（14）篠遠喜人『遺伝学史講』力書房（1945）.

第8章

（1）ここで引用した教養についての考え方は，次の本に出ている. 鈴木孝夫『教養としての言語学』《岩波新書》岩波書店（1996）.

（2）大学審議会答申「大学の大綱化」（1992）.

（3）第3章の（1）に引用した私の著書『大学教授――このあまりに日本的な――』を見ていただきたい.

（4）第4章の（6）を参照していただきたい.

（5）第7章の（4）における姜慧さんのスピーチの要旨について述べてみた.

（6）C. Brinton, *The Anatomy of Revolution*, W.W.Norton（1938）. ハンナ・アーレント『革命について』中央公論社（1975）.

（7）たとえば，A. マチエ『フランス大革命（上・中・下）』《岩波文庫》岩波書店（1958～1959）. G. ミシュレ『フランス革命史』《世界の名著48》中央公論社（1979）. 桑原武夫による解説は, フランス革命に対する見方の参考になろう．A. ソブール『フランス革命（上・下）』《岩波文庫》岩波書店（1953）. これら三著とは，観点が異なるものとして, 次の二冊を挙げる．G. ルフェーブル『1789年――フランス革命序論――』《岩波文庫》岩波書店（1998）. S.Shama, *Citizens: A Chronicle of the French Revolution*, A.A.Knopf （1989）. 私には，G. ルフェーブルの著書が, 公正なものに感じられる.

（8）たとえば，河野健二『フランス革命小史』《岩波新書》岩波書店（1959）.

（9）第6章の（8）を見られたい.

チが，日本経済新聞社刊の『2020年からの警鐘』に掲載され，さらに，これが中條高徳『おじいちゃん 戦争のことを教えて』致知出版社（1998年）にも出ている．

(5) 第2章の（6）に挙げた私の著書『「考え方」の風土』《現代新書》講談社（1979年）を見ていただきたい．

(6)『神奈川新聞』（2001年1月18日号）の辛口時評に寄せた私の文章「責任伴う意見をもとう」を参照．

(7) J.Ziman, *Reliable Knewledge: An Exploration of the Grounds for Belief in Science*, Cambridge Univ. Press (1978). この日本語版は，ザイマン『科学理論の本質』地人書館（1985年）．無定義語については，J.L.Synge, *Sense and Nonsense*, Jonathan Cape (1951). この本の中に，VISHということば遊びの説明がある．詳しくは，第6章の（18）に引用した私の著書を見ていただきたい．

(8)「21世紀日本の構想」懇談会の提言（2000年1月）『「21世紀日本の構想」日本のフロンティアは日本の中にある――自立と協治で築く新世紀』．英語の早期教育に関わる私の発言は「英語の早期教育を急ぐべきか」が『神奈川新聞』（2000年6月9日）の「辛口時評」に載っている．

(9) M. du Vernois (ed.), *Topics in Cosmic Ray Astrophysics*, Nova Science (1999). この本に寄稿した私の論説のタイトルは，Cosmic ray source composition and its relation to the interstellar matter.

(10) 桜井邦朋『科学英語論文を書く前に』朝倉書店（1988）

(11) K.Sakurai, Equatorial solar rotation and its relation to climatic change, *Nature* **269**, 401 (1977).

(12) 石川九楊『二重言語国家・日本』《NHKブックス》日本放送協会（1999）．この本よりも早く，鈴木孝夫は『ことばと文化』《岩波新書》（第3章の（5））で引用）で，同様のことを取り上げ，日本語の長所について論じている．

(13) 田中克彦『チョムスキー』《同時代ライブラリー》岩波書店（1990）．この本で展開されている批判について理解するには，チョムスキーの著書を見ておかなくてはならない．私の手元にあるのは，次のものである．

店（1954）.

（13）ベーベル『婦人論（上・下）』《岩波文庫》岩波書店（1928～1929）.

（14）八木秀次『反「人権」宣言』《ちくま新書》筑摩書房（2001）.

（15）E.O.Wilson, *Sociobiology: A New Synthesis*, Harvard Univ. Press （1975）および *On the Human Nature*, Harvard Univ. Press （1978）.

（16） J. & G.Gould. *Sexual Selection: Mate Choice and Courtship in Nature*, W.H.Freeman （1996）. また，J.Knight, Sexual Stereotypes, *Nature* **415**, pp.254-256 （2002）.

（17）マリアンネ・ウェーバー『マックス・ウェーバー（Ⅰ・Ⅱ）』みすず書房（1963，1965）. この本の第十章「創造の新しい局面」の中でも，p.250以後の論考が大切だと私には感じられる.

（18）この学生が作った講義のノートを参考にして作ったのが『自然科学とは何か――科学の本質を問う――』森北出版（1995）.

（19）立花隆『東大生はバカになったか』文藝春秋（2001）.

（20）詳しくは，谷田和一郎『立花隆先生　かなりヘンですよ』洋泉社（2002）.

（21）第4章の（6）を見よ.

（22）大野晋・上野健爾『学力があぶない』《岩波新書》岩波書店（2001年）. この本の第五章における大野晋の発言，特に，pp.219-221に注目.

（23）たくさんの本が出ているが，一つだけ挙げると，戸瀬信之・西村和雄『大学生の学力を診断する』《岩波新書》岩波書店（2001）.

第7章

（1）前章の（9）に挙げた，Squire他の本を参照されたい.

（2）『京大学生新聞』（1999年4月20日号）に掲載の私の文章を見られるよう希望する．桜井邦朋，「主体的に学び　道切り拓け～新入生へのメッセージ」.

（3）第6章の（19）で立花隆について引用した.

（4）1997年11月に，神奈川大学で開催された留学生弁論大会において，姜慧さんが「沈黙する羊たち」と題したスピーチで述べた. このスピー

(3) ペリー来日の折の「白い旗二旒」については,私には到底理解できない文章が,宮地正人によって書かれている.宮地正人「幽霊の正体見たり枯尾花」『UP』2001年8月号,pp.1-5(2001).この文章ほかの宮地正人によって書かれたものについて,秦郁彦が検証している.秦郁彦「宮地正人とその一派」『諸君』2002年2月号,pp.110-125(2002).

(4)『ペリー提督 日本遠征記』《岩波文庫》全4冊,土屋喬雄ほか訳,岩波書店(1948).ペリーが日本へ遠征した理由については,桑田透一『開国とペルリ』日本放送協会(1941)という面白い本がある.

(5) 徳川斎昭,海防愚存『日本思想大系56,幕末政治論集』岩波書店,pp.9-26(1976).

(6) 佐久間象山「ハリスの折衝案に関する幕府宛上書稿」『日本思想大系51,渡辺崋山他』岩波書店,pp.291-298(1971)

(7)『大日本古文書 幕末外国関係文書之一』東京大学出版会(1947)を参照されたい.

(8) 山崎正和『歴史の真実と政治の正義』中央公論新社(2000).表題となった論文は『アステイオン』(1999)に出ている.松本健一『司馬遼太郎——司馬文学の「場所」』《学研M文庫》学習研究社(2001).

(9) O.Sacks, *An Anthropologist on Mars*, Int. Creative Manag.,Inc.(1995).また,L.R.Squire and E.R.Kandel, *Memory: From Mind to Molecules*, W. H. Freeman (1999).彼らによると,現在では“I have a brain, therefore I think”と,デカルトの言明を変更しなければならない.デカルトの場合は,“I think, therefore I am”.

(10) たとえば,網野善彦『日本社会の歴史(下)』《岩波新書》岩波書店(1997).この「あとがき」によると,日本史の近現代史については,自分の研究結果に基づいて書かれていないように見える.不勉強の言い訳をしているのなら,書くべきではなかった.同氏の書物を,いろいろと読んできているだけに残念に思う.

(11) エドワルト・マイヤーおよびマックス・ウェーバー『歴史は科学か』(森岡弘道訳)みすず書房(1965).

(12) エンゲルス『家族・私有財産・国家の起源』《国民文庫》大月書

⑸ 丸山真男『日本の思想』《岩波新書》岩波書店（1961）.

⑹ この点についての指摘は，私の著書『「考え方」の風土』《現代新書》講談社（1979）の中でなされている.

⑺ これについては，私の著書『大学教授――このあまりに日本的な――』に付けた「あとがき」を参照していただきたい.関連した事柄にもふれている.

⑻ この時になされた講演は，後に論文として印刷されている.
K.Sakurai, Ultra-heavy Nuclei in the Source Composition of Cosmic Rays, *Adv. Space Res.* **15**, pp.59-62 （1994）.

第5章

⑴ 第1章の（1）に挙げた大学審議会答申の内容から,容易に推測できる.

⑵ 河合塾教育本部長を務める丹羽健夫が，最近著した本『悪問だらけの大学入試』《集英社新書》集英社（2000）にいろいろな例が取り上げられている．大学教員の一人として,反省させられるところが多くあった.

第6章

⑴ 扶桑社版『中学社会 新しい歴史教科書』扶桑社（2001）.この本に対する批判がいろいろとなされている中で，小山常実『歴史教科書の歴史』草思社（2001）は，歴史教科書の内容が,どのように変わってきたかについて，現在までに出版されたものの内容を詳しく調べ,扶桑社版の内容と比較し,この版について公正な判断を下していると読んで感じた.

⑵ 桜井邦朋「歴史の理解は万人に共通か」『神奈川新聞』2001年6月18日号の「辛口時評」．また，歴史の記憶や共通の歴史認識という言い方が虚構のものであることについて，最近「歴史を語ることの難しさ」『神奈川大学工学研究所所報』第24号，pp.117-119（2001）と題して寄稿した.

Kenrickが2冊書いている. *Gems of Japanized English*, Yen books (1988). *More Gems of Japanized English*, Yenbooks (1992). 彼女が見た日本人の英語に関する観察と同様のことを，外国人として最初に行なったのは，B.H.Chamberlainであろう. B.H.Chamberlain, *Things Japanese*, C.E.Tuttle (1971).

(6) 第1章の (6) を参照.

(7)『神奈川新聞』への私の寄稿は「責任伴う意見をもとう」(2001年1月22日),「言論の自由は機能しているか」(2001年3月23日). どちらも，この新聞の「辛口時評」欄に掲載された.

第4章

(1) L.J.Peter & R.Hull, *The Peter Principle*, Morrow (1969).

(2) 月の運動については，私が著した『光と物質』東京教学社(1986)の第八章「空間と時間」を見ていただきたい. ニュートンの発想については，やはり私が著した，『物理学の考え方——物理的発想の原点を探る——』朝倉書店 (1992) の第六章「月はなぜ落ちないか——ニュートンのリンゴ——」および，第八章「力学法則発見に至る道—ケプラーとニュートン—」の二つの章を参照されたい. 月が地球に向かって, 落ち続けていること，また，遠心力は見かけの力で, 真の力でないことが説明されている.

(3) 近代の成立期の気候の寒冷化については，桜井邦朋『太陽黒点が語る文明史』《中公新書》中央公論社 (1987) に詳説されている. この寒冷化は，13世紀末頃に始まり，19世紀半ばまで続き, 現在はこの期間を「小氷河期」(Little Ice Age) と呼んでいる. なお，次の本を見られたい. J.M.Grove, *The Little Ice Age*, Methuen (1988). 18世紀半ば過ぎから19世紀初頭に至る気候の寒冷期については，間もなく，桜井邦朋『夏が来なかった時』《歴史文化ライブラリー》吉川弘文館 (2002) が出版されるはずである.

(4) これに関連した事柄については，私の著書『続大学教授——日々是好日——』地人書館 (1994) を見ていただきたい.

に支障が出るなどの反対論は逃げ口上で，年金などの経済的問題もクリアできる．3. 評価は大学内部ではなく，外部機関がやるべきだ」の3点を中心にかなり詳しく論じた．同じ紙面の半分は，任期制反対の立場に立つ寺崎昌男氏の論の掲載で埋められている．また，川成洋（編）『だけど教授は辞めたくない』，『ジャパン・タイムズ』（1996）に寄稿し，任期制について，アメリカの事情を紹介しながら，賛成論を私は展開している．

(9) 第1章の（1）を参照していただきたい．

第3章

(1) 1998年3月12日に，日本大学習志野校舎で私は「大学の活性化と勝ち残り」と題して講演した．この講演の記録は『教育センター叢書』第5集として，日本大学生産工学部教育センターから，1998年7月に出版された．

(2) この発言については，『大学は何を学ぶところか』地人書館(2000)および『湯川秀樹 白紙の講義録』黙出版（2000）の二つに，少し詳しくふれている．

(3) 神奈川大学の『自己点検・自己評価報告書』については，第1章の（5）でもふれている．

(4) 京都大学で起こした性的嫌がらせ（sexual harassment）事件については，小説が書かれている．坂奈玲『知の虚構――アカデミック・ハラスメントのゆくえ』三一書房（1997）．京都大学教授であった矢野暢に関わる性的嫌がらせが，被害者の証言に基づいて，この小説を書かせた．

(5) 鈴木孝夫『ことばと文化』《岩波新書》岩波書店（1973）．この本を，アメリカ在住時に読み，論点の明確なのに驚いた．この本は後に英訳された．英訳版も手許にある．日本語研修のため，イギリスのアストン大学から来た学生たちに，読ませたことがある．T. Suzuki, *Words in Context: A Japanese Perspective on Language and Culture*, (rev. ed.), Kodansha International (1984)．日本人の使う英語については，Miranda

第2章

(1) 大学問題に関する私の考えや意見は『大学教授——そのあまりに日本的な——』地人書館（1991），『続大学教授——日々是好日——』地人書館（1992），『大学の「罪と罰」』講談社（1994）の三つの著書にまとめられている．この三つ目のものは，1996年に韓国語に翻訳，出版されている．大学に関わる状況が，日本とよく似ているので，翻訳したいとの意向があり，承諾した．

(2) Ortega y Gasset, *Revolt of the Masses*, Norton (1930)．この日本語版は，オルテガ『大衆の反逆』の表題で，角川書店，白水社，中央公論社の3社から異なる訳者により翻訳され，出版されている．私にとっては，白水社版が一番読みやすい．

(3) 19世紀後半から生活面での豊かさが実現され，欧米では，いわゆる大衆社会が形成された．多方面から大衆の時代を簡潔にまとめたものは，次の本である．M.D.Biddiss, *The Age of the Masses: Ideas and Society in Europe since 1870*, Penguin Books （1977）.

(4) 私の文章「自分の人生は，自分の手で」『学生相談室だより』11号，p.1（1999）を見よ．人間のもつ才能・能力は誰が量るものかについて，私の考えを書いた．このことについて，桜井邦朋『湯川秀樹 白紙の講義録』黙出版（2000）の中で詳しく述べている．

(5) 小林秀雄『モオツァルト・無常ということ』《新潮文庫》の中のモーツァルトについての批評を見よ．

(6) *Nasic Release*, 第4巻，pp.9-11（2001）に「大学は，教員を再教育せよ！」と題して寄稿した．この中で，教員の質の低下についてふれた．また，文教大学広報誌『JOIN』の大学改革論特集に寄せられた文章「大学改革に教授の精神革命を」（1998）をも見ていただきたい．

(7) 有本章・江原武一（編著）『大学教授の国際比較』玉川大学出版部（1996）.

(8) 教員の任期制に賛成の私は『毎日新聞』1995年11月19日号の特集「大学教員の任期制」において「1. 日本の大学は，教員の研究・教育の業績を評価するシステムがないぬるま湯社会．任期制は必要だ. 2. 研究

注および引用文献

各章ごとに，注と引用した文献，また出典を挙げ，この本を手にされる方々の便宜を図ることとした．

まえがき

(1)「発覚 神奈川大80億円“秘密借金”の怪――8年間ひた隠し，文部省もあきれ顔」『週刊朝日』(1995年11月3日号)，p.156.

第1章

(1) 大学審議会答申「21世紀の大学像と今後の改革方策について――競争的環境の中で個性が輝く大学」(1998年10月26日)．この中で，大学の個性化を謳っているが，皮肉な見方をすれば，大学の倒産もやむをえないと暗示している．

(2) このことについては，『週刊朝日』(1995年11月3日号)，p.156の記事を参照されたい．

(3)『週刊朝日』(1995年11月3日号)，p.156を見よ．

(4) 1995年10月18日開催の工学部教授会議事録に掲載されている．正確を期すために了解に基づき録音した．

(5)「大学の設置理念と教育目標」の本文については，『神奈川大学自己点検・自己評価報告書』に掲載されている(2001年に大学基準協会へ提出)．

(6) E.ウィルキンソン『誤解』中央公論社(1980)．原著は E.Wilkinson, *Europe vs. Japan*, Penguin Books (1980)．

続々大学教授
予期せぬできごと

2002年10月30日　初版第1刷

著　者　桜井邦朋
発行者　上條　宰
発行所　株式会社 **地人書館**
162-0835 東京都新宿区中町15
電話：03-3235-4422　FAX：03-3235-8984
e-mail：KYY02177@nifty.ne.jp
URL：http://www.chijinshokan.co.jp
郵便振替口座：00160-6-1532番
印刷所　平河工業社
製本所　カナメブックス

ISBN4-8052-0711-6 C0037